방방곡곡 인문기행

방방곡곡 인문기행

지은이 | 김찬일
발행인 | 신중현

초판 발행 | 2025년 8월 1일

펴낸곳 | 도서출판 학이사
출판등록 | 제25100-2005-28호

대구광역시 달서구 문화회관11안길 22-1(장동)
전화_(053) 554-3431, 3432   팩시밀리_(053) 554-3433
홈페이지_http://www.학이사.kr
이메일_hes3431@naver.com

ⓒ 2025, 김찬일
이 책은 저작권법에 따라 보호받는 저작물이므로 무단복제를 금합니다. 내용의 전부 또는 일부를 이용하려면 반드시 저작권자와 학이사의 서면 동의를 받아야 합니다.

ISBN _ 979-11-5854-579-6 03810

방방곡곡 인문기행

김찬일 지음

學而思 학이사

머리말

　인간은 만물의 영장이다. 지상에 출현한 만물 중 가장 두드러진 위치에 있는 존재다. 그러나 최초의 인류는 동물에 가까웠다. 그런 인류가 지상의 우두머리로 진화해 현재 지구를 지배할 수 있었던 것은 다른 동물이 가지지 못한 몇 가지 특징 때문이다. 이를테면 언어와 사회성, 도구와 불의 사용과 직립 보행 생활로 신체와 정신이 발달, 신기원의 문명을 이루게 되었다.
　그중 완전히 서서 두 발로 걷는 것은 35억 년 생물의 역사를 통틀어 사람만이 습득한 유일무이한 독보적인 능력이다. 이 두 발 걷기로 다른 동물보다 시야가 넓어지고 또 멀리까지 볼 수 있게 되었다. 한편으로 양팔을 사용할 수 있어 도구를 만들어 쓸 수 있게 되고, 생존경쟁에 이겨 삶의 터전을 넓히거나 이동하면서 더 나은 경험과 지능을 획득하게 된 것이다.
　사람이 죽으면 처음에는 그냥 방치하여 다른 맹수의 먹이가 되거나 썩어버려 아주 참혹한 모양이 되므로 이에 돌이나 널을 이용해 매장하였다. 그건 사람의 존엄성을 높이고 사후에도 현실과 같은 영생을 누릴 수 있도록 영혼이 활동한다는 믿음에서 온 의식이고 더 나아가 신앙이 되었다. 이런 영적인 신앙도 하늘을 보고 번개와 무지개를 보면서 생각할 수 있었던 직립 걷기에서 얻은 왕관일 것이다.

아무튼 지금 인류가 영장류로 우주의 실체를 거의 다 과학적으로 해석하고 지구를 지배하게 된 가장 큰 원인은 두 발로 걷는 신체적 기능을 그 출발점으로 봐야 한다.

걷기 열풍이 번지고 있다. 나라마다 걷기에 편한 길을, 자연의 풍경을 감상할 수 있고 또는 역사의 자취가 있거나 종교적인 순례를 위해 길을 내고 있다. 참으로 다행이고 아름다운 일이다. 이러한 시대의 흐름에 따르고, 또 자신의 내면 기저에서 분출하는 어떤 강한 욕구로, 그동안 여러 갈래 많은 길을 뚜벅뚜벅 걸어왔다.

나는 길을 걸으면서 언제나 물끄러미, 그리고 때론 멀리, 어느 때는 현실 그 너머까지 바라보고 다녔다. 그렇시

만 이 우주는 그 자신 모두를 보여주지 않았다. 그저 어떤 순간에 그것도 흘깃 보여주었으므로 더 뚜렷한 것을 찾기 위해 걷고 더 걸어갈 뿐이다. 길에 쏟아부었던 그 많은 시간과 느낌을 이제 말할 때도 되었다.

눈 내리는 남이섬에 날아다니던 겨울새 울음, 거제 노자산 정상에서 본 영혼을 닮은 남해와 섬, 제주도 천지연 폭포 무태장어의 신비, 익산 나바위성당의 포승줄에 묶인 예수님의 에케 호모상, 한센인의 애환이 서린 소록도, 철원의 백마고지와 노동당사, 고창의 오월 청보리밭 등 다 헤아릴 수 없을 만큼 방방곡곡을 누비고 다녔다.

그건 마치 그리움처럼, 세월처럼 어디서부터 어디까지가 여로일 것인가. 무언가 결핍을 느끼면 왜 봇짐 싸서 떠나고 싶은지. 현실에 대한 갈증은 걷기로만 달랠 수 있었다. 지금도 마음이 아픈 날, 감정을 치유하는 인제 자작나무의 속삭임이 들려온다.

이제 얼마를 더 걸어야 어제 본 반달을 만날 수 있을까. 그대 다시 만나는 길은 어떤 감동으로 우리를 두근거리게 할까. 우리가 그려 가던 미완성의 사랑도, 그 어혈의 증오도, 길을 걸으면 사라지고 나의 내면 어딘가에서 기쁨이 된다. 그 찬란한 물질문명 때문에 온갖 사람이 다 영적으로 잠을 자며 비현실 즉 꿈과 상상에서 살고 있다. 이제 걸음으로써 현실로 돌아와야 한다.

어찌 길이 끝이 있겠는가. 길은 처음처럼 시작만 있는 것이다. 우리 모두 같이 걸어서 가자. 걸어가면서 잃어버린 인간성을 회복하고, 영혼을 찾고, 큰 수레 타고 함께 가자. 저 우주 끝까지.

2025년 여름에
김찬일

차례

머리말 … 4

1부 푸른 바다와 섬의 실루엣

완도 생일도와 고금도 충무사 …… 12

낭만 낭도 …… 18

여수 오동도와 야경 …… 25

금단의 섬, 저도 …… 31

새만금 고군산 군도 …… 37

미지의 여행지, 조도와 호도 …… 44

뭍에서 아득히 바라보이는 제부도 …… 49

예술의 섬, 고흥 연홍도 …… 55

인천 무의도 실미도 트레킹 …… 61

슬픈 작은 사슴의 섬, 소록도 …… 67

서해의 진주 국화도, 도지섬과 매박도 …… 73

꺾이지 않는 지조, 홍성 죽도 …… 78

통영 장사도 …… 83

2부 바람이 흔드는 숲

강릉 노추산과 안반데기 …… 90
지리산 대원사를 찾아서 …… 96
의령 봉황대 일봉사 …… 103
강정보 디아크와 성지산 …… 109
해와 달의 도장이 찍힌 영양 일월산 …… 115
단양적성비와 대관령 양 떼 삼양목장 …… 121
천 년 은행나무와 양평 용문사 …… 127
고흥 팔영산 능가사 …… 134
은수저 같은 거제도와 노자산 …… 140
삼척 맹방해변 덕봉산 …… 146
정선 가리왕산과 오일장 트레킹 …… 152

3부 오래된 거리로 떠나는 시간여행

구리 동구릉과 고구려 대장간 마을 …… 160

창녕 부곡온천 둘레길 …… 166

대구 중구 근대로의 여행 …… 172

인재와 물류의 대동맥, 영남대로 …… 178

선교의 성지 청라언덕 …… 184

산청군 남사 예담촌 …… 190

고령군 장기리 암각화와 개실마을 …… 197

대구 기독교 성지 제일교회 …… 203

두물머리와 정약용 유적 …… 209

익산 나바위성당 …… 214

곡성 세계장미축제 …… 220

1부

푸른 바다와 섬의 실루엣

어머니가 차려준 생일 아침상, 그 즐겁던 기억
완도 생일도와 고금도 충무사

바다는 한결같다. 쨍한 태양 아래 눈이 시리게 푸른 여름바다가 아름답게 누워 있다. 짙은 녹색의 섬 그늘이 바다에 잠겨 물색은 더 푸르게 보인다. 약산도에서 생일도로 가는 뱃길, 미역·다시마·김·전복을 키우는 부표가 내해를 빈틈없이 모자이크하고 있다. 퇴역이 가까워 보이는 여객선은 가쁜 엔진 소리를 내며 시나브로 항로를 헤쳐 간다. 스크류가 밀어내는 하얀 포말이 마치 꿈속 나비처럼 나타났다 사라지곤 한다. 그때마다 밥사발 같은 부표가 어부들의 꿈처럼 애면글면 흔들린다. 언제나와 같이. 저 포말이 내 안까지 튀어와 흩어지면 현재의 내가 나타났다 사라졌다 하는 착각에 빠진다.

나의 살아있는 세계가 어디까지인가. 생각이 일어났다가 사라지고, 그 순간순간마다 살았다 죽었다 하는 나는 누구인가. 이렇게 시간의 가두리에 갇혀 헤적이고 있을 때 뱃고동 소리가 길게 여운을 남기며 나를 두드린다. 현실을 벗어나면 모두 환각이다. 오고 감도, 나고 죽음도 없는 것인데 나는 밤낮 오고 가고 죽고 살고 한다. 그러니 어찌 괴롭지 않으랴.

관광객을 위한 대형 케이크와 축하 음악
생일도에 도착하니 먼저 생일을 축하하는 대형 모조 케이크가 눈에 띄고 생일 축하 음악이 들려온다. 아마 관광객을 위한 배려일 것이다. 누구라도 태어나는 날이 생일이다. 사람은 태어날 때 두 손을 꼭 쥐고 태어난다고 한다. 이 세상의 부귀공명을 꼭 쥐어야겠다고. 축하 케이크에 생일날이면 누구나 부르는 노래 'happy birthday to you'가 적혀 있다. 솔직히 생일은 수줍다. 저 케이크만큼 달콤한 나의 날.
언제나 생일인 생일도. 네가 태어난 날 축하해. 네가 살아 있음으로 세상에 빛이 나고, 사랑 비애 꿈과 별 모두 네 안에 있잖아. 산과 바다 그 섬 생일도에서 이 기쁨, 시간이 흐르고 흘러서 케이크가 되고 생일이 되는 축복의 공간에 서서 나의 탄생을 본다. 무언가 들떠서 사진을 찍는다. 어머니의 비손과 소고기를 넣은 미역국으로 아침을 먹던 생일날. 그 즐겁던 기억이 풀풀 살아나 회열이 된다.

학이 산다는 상서로운 암자 학서암

생일도 섬 길 A코스는 생영초등~백운산 일출바위~송곳바위다. B와 C코스도 있으나 A코스 중 생영초등에서 학서암을 왕복하는 코스로 길머리를 연다. 해산물을 파는 가게를 지나고 백운산 자락길로 접어든다. 백운산은 해발 483m로 완도와 소속 섬에서 둘째로 높다. 산이 높아 항상 흰 구름이 머문다는 백운산. 산길에는 들꽃이 곳곳에 피어 있어 차츰 넓어지는 바다 조망과 함께 그지없이 상쾌한 풍경을 만든다. 학서암에 도착한다. 학이 산다는 상서로운 암자다.

1719년 창건(숙종 45)했고 300여 년 동안 부처님의 말씀을 갈무리하고 퍼트린 유서 깊은 아란야다. 학서암에서 보는 다도해는 감탄을 넘어 비명이 된다. 시간을 가늠하며 돌아간다. 서성항에 도착해 터미널 정자에서 배를 기다리며 생일도가 고향이라는 할아버지와 대화를 나눈다. "여그 이름은 본시 산유도였는디, 해적들이 여그 와서 몬땐 짓거리를 많이 혀서 살 수가 없었디야, 그래가 꼴랑 섬민이 모다 모여 의논질 끝에 섬 이름을 바꿔보자 혀서 바꾼 기 생일도지라, 그 후 뒤탈 없이 평온하고 사고 없는 섬이 되야 부러소이." "그라고요. 아담한 해변이 있지라우. 모래질이 좋쿤만요. 금빛이 나는 금곡해수욕장도 볼만혀요 이. 그라고요. 용출리 갯돌도 많이 찾지라우 이." 그참에 배가 들어

오고 할아버지께 작별인사를 드린다.

이순신 장군 유해 임시 안장한 월송대

약산도 당목항에 도착한다. 동백나무 군락지 공고지산과 삼문산의 마루금을 눈에 긋고, 섬 특유의 굽이치는 파도길을 달려 약산대교로 간다. 약산도는 자연경관이 아름답고 삼지구엽초 등 190여 종의 생약초가 자생하고 있어 도울 조(助) 약 약(藥) 자를 써서 조약도로 부르기도 한다. 약산대교를 건너서 고금도 충무사에 주차한다. 고금도 충무사 성지는 충무사와 바로 옆 월송대로 되어 있다.

먼저 월송대에 오른다. 작은 동산으로 된 월송대는 금빛 띠는 해송이 드문드문 품격을 지키고 고만고만한 섬들이 사방을 둘러싸고 앞바다가 잔잔한 호수처럼 수려하다. 이곳은 노량해전에서 전사한 이순신 장군의 유해를 83일간 임시로 안장했던 곳이다. 물론 유허지는 출입하지 못하도록 낮게 막아 놓았고 유해를 안장했던 장소는 볼록하게 만들어 알 수 있게 했다.

충무공 탄신제와 순국제 지내는 충무사

우주에 일월성신이 있다면 이순신 장군은 달과 별 같은 분이다. 임진왜란의 절망적인 상황에서 조선의 어둔 밤을 밝혀주는 달과 별처럼 그 역할을 한 분이다.

이순신 장군이 모친상을 당해 영전에 하직을 고한 후 상제의 몸으로 백의종군하러 남쪽으로 가는 길인 정유년(1597년) 4월 21일 자 『난중일기』에 보면 "저녁에 여산 관노의 집에서 잤다.(夕宿于礪山 官奴家)"라고 했다. 이 말은 관노官奴와 잠자리를 함께 했다는 것이 아니다. 아울러 관노는 관의 남자 종이고, 관비官婢가 관의 여자 종이다. 조선 시대 법전인 경국대전에 관리들의 뒷바라지를 하는 노비가 있는 것은 법에 규정한 것이다. 국법에 의해 당시 전시였고 잘 곳이 마땅치 않았으므로, 관에서 제공한 관노의 집에서 숙식하였을 것이다. 그럼에도 이것을 악의적으로 "이순신도 관노와 잠을 잤다."라고 비유한 사람이 있었다. 참으로 공분할 일이다.

1597년 9월 16일 왜 수군 133척과 조선 수군 13척의 명량해전에서 기적 같은 대승 이후 이순신은 이날 승전을 『난중일기』에 "이는 실로 천행"이라고 써두고 스스로 힘써 싸운 공을 하늘에 돌렸다. 전공을 더 많이 차지하려고 다투기도 하는 것이 인심일진대. 이순신의 이런 정신은 우리 민족의 정수요, 혼이요, 얼이다.

그 명량해전 이후 목포 앞바다 고하도에서 100일간 머물다가 이듬해인 1598년 2월 17일 8천여 명의 수군과 이진, 고금도와 묘당도에 본영을 설치했다. 이곳은 만·서해를 아우르는 해상 교통의 요충지이고, 많은 백성과 군사들이 둔전을 할 수 있는 넓은 섬이며, 지남산·봉황산·망덕산이 있어 해상의 적들을 탐망할 수 있는 천혜의 장소다. 그리고 조선 수군과 명나라 수군이 합류해 연합훈련을 한 곳이기도 하다.

인근에 있는 충무사(사적 제114호)에 들른다. 이 자리에는 처음 명나라 제독 진린이 그들의 군신인 관우장을 모시며 제향했으나, 그 후 숙종 9년(1683) 사당을 새로 지어 서무에는 충무공 이순신을 모시고, 동무는 관우장과 진린 세 분을 기리는 사당이 되었다. 그 후 몇 차례 우여곡절을 거쳤으나 1945년 광복이 되고 나서 건물이 사라진 관왕묘 자리에 충무사 사당을 재건하고 정전에 충무공을 모시었다. 또 임진난 당시 가리포 첨사였던 이영남을 동무에 모시고 매년 4월 28일 충무공 탄신제와 11월 19일 순국제를 지내고 있다. 이 정도라도 충무공의 정신을 곰비임비 지키고 있으니 얼마나 다행스러운지.

싸목싸목 걷는 섬
낭만 낭도

 길 안에도 길이 있어야 한다. 사람 안에 사람이 있어야 하듯이. 총 4개의 섬(조발도, 둔병도, 낭도, 적금도)과 5개의 다리(화양대교, 조발대교, 둔병대교, 낭도대교, 적금대교)로 연결하여 여수와 고흥을 이어주는 거대한 공사가 2020년 2월 28일에 완성되었다. 참으로 감개무량한 현실이 아닐 수 없다. 이제 허공이라는 길 안에 다리가 놓이고 새 길이 탄생한 것이다.
 사람이 사람다워지면 그 안에 수많은 사람이 나타나듯이 화양대교를 지나면서 푸른 바다와 섬의 실루엣이 꿈을 만들고 숱한 이야기를 만든다.

 붉은 장미 같은 섬 낭도
 화양대교를 지나 조발도에, 조발대교를 지나 둔병도에,

둔병대교를 지나 낭도에 도착한다. 여산마을을 통과하고 낭도 선착장에 주차한다. 싸목싸목 걷는 섬, 낭만 낭도. 이 섬의 랜드마크다. 여기서 상산 가는 등산길과 낭만 낭도 섬 둘레길로 나누어진다. 섬 둘레길 낭도 해수욕장으로 간다. 5월의 바다가 부시어 눈에 흰나비가 날아다닌다. 바다 건너 멀리 고흥, 우주발사대가 있는 외나로도가 보인다. 언제나 감추어둔 마음의 섬, 우주로 날아가는 상상의 날개에 핀 붉은 장미 같은 섬. 해무 속에 아득하다.

  쪽빛 바다와 해안선 따라 이어지는 길은 너무 편안해 현실감을 잃게 한다. 아주 많은 시간을 허비했던 트레킹 로드의 기억들이, 여기서는 어쩐지 슬픔으로 피드백된다. 돌아올 수 없는 추억이 아름다울수록 더욱 슬픔의 멍울이 된다. 아직 원시의 자연과 모래사장, 한적하고 고즈넉한 길은 내 마음에 맑은 물길처럼 흐른다. 지금은 길을 걷는 게 아니고 길 따라 흘러서 간다.

  낭도 해수욕장에 닿는다. 모래가 곱고 파도가 거의 없어 아이들 물놀이에는 더없이 좋은 곳이다. 모래에 발자국이 남는다. 흔적이다. 그러나 모든 것은 나타났다, 사라지는 신기루 같은 것. 마치 저 모래 위의 발자국처럼. 낭도 방파제와 등대가 보이지만 그냥 지나친다. 한 굽이를 돌아가자 기암괴석으로 수려한 해안선이 나오고 아기자기한 섬들이 반짝이는 보석처럼, 아니 5월의 장미처럼 활짝 피어 있다. 저 바다와 바람 그리고 섬, 여기가 낭도의 핫플레이스다. 오작교 같은 다리가 놓이고 별 같은 섬들이 연결되자 전국에서 찾아온 탐방객들로 북새통을 이룬 곳이다.

아름다운 해안선과 해식애

주상절리대를 본다. 주로 직사면체로 선 기묘한 바위 군락에 환성을 지른다. 공룡 발자국과 함께 낭도 또 하나의 지리 자연 학습장인 주상절리는 낭도 해양 지형의 특징을 가장 잘 나타내고 있는 곳이다. 아무리 봐도 질리지 않는 아름다운 해안선과 해식애, 다양한 퇴적층을 마주하면 그 특이함과 신비감에 몰입해 플라톤이 말한 망각의 강을 건너 다른 세계로 가는 것 같다.

신선대에 도착한다. 정면으로 고흥 나로도 우주발사장이 보여 우주선 발사 시에 뷰 포인트가 되기도 하는 곳이다. 주변 너럭바위와 영겁의 시간을 풍상에 견뎌온 기묘한 암석들. 하늘의 선녀가 내려와 노닐었다는 천선대도 대단한 풍경이다. 침식이나 파도에 의해 형성된 단애는 퇴적층의 절경이다. 그 빼어난 풍광은 에메랄드빛 바다와 어울려 더욱 아름답다.

부근에 다양한 종류의 공룡 발자국 화석이 있다. 그중 이곳에 있는 어린 공룡의 보행렬 발자국은 세계적인 생태자원이다. 그야말로 현장의 느낌이 날개를 달고 착각으로 날아가다, 바다에 떨어져 백일몽을 만드는 곳. 어김없이 낭도 최고의 비경이다. 섬 모양이 이리를 닮아 낭도狼島라고 하였다는데, 여기는 사나운 야생 이리와는 거리가 너무 먼 여수 최고의 지오투어리즘 명소다.

지오투어리즘은 지각을 이루는 여러 가지 암석이나 지층에 대한 지식을 얻고자 천연지질 자원에 해당하는 세계 및 국가 지질공원을 두루 답사하는 관광이다. 말하자면 특정 지역의 지형 및 지질 자원을 문화, 역사, 전통과 연계해 경제적 가치를 창출하는 새로운 관광 산업을 뜻한다.

전라남도 가고 싶은 섬 제1호 사업대상지

한적하고 고즈넉하였던 낭도가 일반인에게 알려지기 시작한 것은 2015년 '전라남도 가고 싶은 섬' 제1호 사업대상지로 선정되면서부터다. 눈앞에 하얀 등대, 남포등대가 보인다. 사도 마을 쪽에는 송곳여가 있고, 낭도 쪽에는 남근을 닮은 남근 곶이 있어 조업하는 크고 작은 어선들의 피해가 컸다. 이를 해결하기 위해 1971년 세워진 등대다. 등대 주변에 구상풍화와 벌집풍화 타포니가 널려 있어 지질 학습장으로 안성맞춤이다. 여기와 지척인 사도섬 군락은 너무 절경이어서 내면에서 울컥 솟는 감정의 소용돌이를 진정하려 이마에 힘줄을 세워야 했다.

신비의 바닷길

사도는 공룡 발자국과 공룡 화석지로 유명하고 지명도 나끝, 만층암과 꽃바위, 딴여같이 매혹적이지만 경치는 그야말로 이름다워 눈꺼풀이 파르르 떨린다. 사도는 썰물 때가 가까워지면 중도·증도로 세 섬이 연결된다고 한다. 세 섬 옆에는 공룡 화석지가 많은 추도·장사도가 꽃무늬로 떠 있는데 일 년에 몇 차례씩 신비의 바닷길이 열려 걸어서 건널 수 있다. 그럴 때면 전국에서 관광객이 몰려와 시장통을 이룬다고 한다.

가히 옛적에는 한반도가 공룡의 나라였다. 낭도 공룡 발자국 화석지 퇴적층은 2003년 2월 천연기념물 제434호로 지정됐다. 낭도를 중심으로 사도와 추도에서 발견된 공룡 발자국 화석은 총 3,600여 점, 전남과 경남 지역 해안과 일본·중국을 연결하는 중생대 백악기의 범아시아 생태환경 복원을 가능하게 할 귀중한 자료로 평가받고 있어 생태체험 학습 관광에는 그만이다.

먼 이국의 지명 같은 산타바 해변을 지나고 장사금 해수욕장에 도착한다. 금모래가 반짝이며 길게 뻗어 있어 장사금長沙金이라 불리는 이곳은 사빈해안으로도 잘 알려져 질 실남방과 해수욕을 함께 즐길 수 있다. 장사금은 '모세의 기적'으로 유명한 사도와 마주하고 있어 더 아름답다. 아직 오염에 전혀 물들지 않아 청정하고 맑기가 원시의 이상향 샹그릴라 같았다.

이제 이곳도 대교들이 연결되어 출입이 자유로워졌으니 곧 또 얼마나 더럽혀질는지. 미국의 미래학자 제러미 리프킨은 "야생 공간의 소멸과 기후 변화로 더 많은 전염병 대유행이 올 것이란 점을 알아야 한다. (수많은 전염병은) 지구가 우리에게 다시 말을 걸고 있는 것"이라고 했다. 그는 코로나 사태에 "전혀 놀라지 않았다."고 했다. "인간이 만든 문명으로 기후 변화가 왔고, 거기서 코로나가 잉태됐다."는 것이다. 참으로 경각심을 가지고 뼈에 아로새겨야 할 경구다.

낭도 젖샘 생막걸리

여기서 큰사금, 역기미 삼거리, 규포 선착장까지 3.9㎞ 트레킹 로드가 있고 거기에서 상산, 역기미 분기점, 따순기미쉼터, 쉼판터 전망대, 낭도 선착장으로 걸을 수 있지만 그 길은 차후로 미루었다. 산타바 오거리에서 낭도 야영장까지 황톳길 0.6㎞, 다시 낭도 선착장까지 0.6㎞를 걸어 드디어 주차장에 도착한다. 주차장은 아주 넓다. 여기서 낭도의 명물 '100년 도가 식당'으로 간다. 낭도 젖샘 생막걸리 체험장 도가 식당이다.

젖샘 생막걸리는 낭도의 자랑이다. 주인에게 청해서 꿀떡꿀떡 한 잔을 들이켠다. 목젖을 타고 내려가는 막걸리

맛에 신명이 절로 난다. 인근 사도에서 길어온 심층수인 '젖샘'으로 빚은 막걸리인데 여수와 인근 일대에서 꽤 유명하다. 누구라도 양조장 입구에 들어서면 누룩에서 발효된 구수한 술 향내가 코끝을 파고든다. 주재료는 밀이며 재래식 발효 기법으로 3대째 이어오고 있다. 정말 한 잔 더 하고 싶었지만 귀갓길이 멀어 참고 자리를 턴다.

푸르고 아득한 바다
여수 오동도와 야경

이게 얼마 만인가. 바다를 탱고로 휘젓는 유람선을 타 보는 게. 오동도 유람선 선착장에서 오후 2시 정각에 유람선은 떠났다. 비록 유람선 위지만 바다에 첫발은 늘 가슴이 먼저 출렁였다. 승객 거반은 2층에 옹기종기 앉았다. 그때 우리 엄마의 바다는 무한한 사랑으로 뱃길을 시나브로 열어준다. 거북선 대교를 지나자 하멜 무인 등대가 나타난다. 네덜란드인 하멜이 우리나라에 표류하여 14년간 억류 생활을 하면서 여수 지역에 머문 것을 기념으로 지어진 등대다. 붉은 원피스를 입은 것 같은 원통형 등대는 얼마나 예쁜지 설치예술의 한 작품 같았다.

동백꽃으로 피어난 여인의 전설
배는 신수를 들러 다시 오동도로 향한다. 1층으로 내려온다. 새우과자를 던져주는 선객들과 그것을 받아먹으려고 날아드는 갈매기 떼가 장관을 이룬다. 그 영원의 시간에서 호흡하고 바다 위에서 먹이를 주고받는 모든 생명체는 하나의 동그라미 안에 있다. 우측으로 크고 작은 배들이 점점이 떠 있고 그 저편 남해 섬이 마치 해무처럼 아름다운 추상화를 그린다. 오동도로 다가간다. 용굴과 코끼리바위, 등대 전망대가 시야에 잡힌다. 조선 탄생에 얽힌 '오동나무 없는 오동도'와 '동백꽃으로 피어난 여인'의 전설이 전해지고 있는 오동도. 그 전설 속으로 한번 걸어 보자.

전자의 전설은 이러하다. 고려 말 풍수지리에 능한 신돈은 기울어가는 고려 왕조를 대신할 새 임금이 전라도에서 나올 거라고 내다봤다. 전라도의 전(全) 자가 사람(人) 자 밑에 임금(王) 자를 쓰고 있고, 오동도에 길조인 봉황이 날아들고 있었기에 전라도에서 새 임금이 나올 전조 현상으로 해석했다. 이후 전라도의 한자를 '人'이 아닌 '八'로 고치고 오동도에 봉황이 날아들지 못하도록 오동나무를 모두 베어내도록 했다고 한다.

후자의 전설은 어부와 함께 살던 아름다운 아낙네가 있었다. 어부가 고기잡이 나간 어느 날 도적이 들어 쫓기다가 만경창파에 몸을 던졌다. 돌아온 남편은 슬퍼하며 오동도 기슭에 아내를 묻었다. 그해 북풍한설이 몰아치던 겨울부터 아낙네의 무덤가에 붉은 꽃이 피어났고 그 여인의 절개가 바로 그 붉은 꽃, 동백꽃으로 환생했다는 전설이다. 하여 동백꽃을 여심화女心花라고 부른다.

한국의 아름다운 길 100선 선정 트레킹로드
이것도 저것도 애절하다. 저 멀리 돌산도 쪽에 용월사가 가물가물 보인다. 용월사도 얼마나 아름답던지. 겨울에 보았던 용월사 동백은 결핵 3기의 미인이 토한 각혈처럼 붉디붉은 여인의 한이 서리서리 맺혀 있었다. 그 영혼까지 붉게 물들이던 용월사 동백을 나는 이렇게 시로 노래했다.

용월사 동백/ 백설 공주처럼 예쁜 은실이가 이름을 불러 주었을 때/ 나의 열일곱 살 영혼이 눈을 떴다./ 유난히 추웠던 겨울, 은실이는/ 조랑말 타고 온 새신랑 따라/ 무지 아름다운 오동도로 시집을 가고,/ 나의 영혼도/ 꽃가마 따라 재 넘어간 뒤/ 돌아오지 않았다./ 수년 후, 은실이는 추울수록 선혈을 토하며 활짝 피는/ 오동도의 동백꽃이 되었다는 소문이/ 담장 너머로 들려왔다./ 나는 마을 뒷산에 동백나무를/ 심기 시작했다./ 이십 년이 지나자 뒷산은/ 동백숲으로 덮이고/ 은실이는 해마다 내 속에 피는/ 처음의 동백꽃이었다./ 겨울이면 은하처럼 찰랑거리는/ 동백숲에서/ 은실이의 치렁치렁한 머리가닥에 삼긴/ 나의 열일곱 실 영혼은/ 실 낱 같은 숨만

쉬고 있다./ 오동도가 고흐의 그림처럼 걸려 있는/ 용월사 겨울밤/ 돌아온 열일곱 살 영혼은 포박을 풀고/ 왕소금 같은 달빛으로 흉터를 헹군다./ 내 생을 다시 발굴하는 것은/ 별빛의 언 땅을 갈아엎는 지금 여기이다./ 영혼의 심폐소생술로/ 용월사 동백은/ 오동도의 동백으로 다시 핀다.

여인의 마음을 머금은 오동도 동백나무. 유람선은 오동도 선착장에 닻을 내린다. 오동도에 하선한다. 한국 아름다운 길 100선에 선정된 트레킹 로드를 걷는다. 맨발로 산책로를 지나고, 동박새 꿈 정원을 거쳐 등대 전망대에서 바다를 본다. 바다는 푸르고 아득해서 그 끝을 알 수가 없다. 마치 내 마음을 내가 알 수 없듯이.

  오동도 숲은 너무 청정해 걸으면서 카타르시스의 희열을 느낀다. 이 숲에는 무엇이 살고 있을까. 곰솔, 굴거리 나무, 자귀나무, 털머위, 팔손이, 푸조나무, 쇠딱따구리, 동박새 등등. 신이대 터널을 지나면서 나는 자연의 위대함에 거듭 경탄하였다. 길은 그야말로 환상이었다. 바다의 심포니를 들으면서 덱 탐방로를 지나 입구로 나온다. 섬 전체를 이루고 있는 3천여 그루의 동백나무가 몽환처럼 아직도 나를 꿈꾸게 한다.

  자산공원에 올라 정상의 이순신 장군 동상에 경배하고 전망대에서 여수를 조망한다. 일망무제다. 가시거리가 좋아 아주 먼 경치까지 볼 수 있다. 점점이 떠 있는 섬과 여수 내륙 그 사이사이로 바다가 파란색으로 빛난다. 남해도 방향은 제법 긴 바다가 있고 돌산도도 형언할 수 없는 비경을 보여준다.

이스라엘 민족의 가슴에 항상 살아 있는 젖과 꿀이 흐르는 땅, 가나안도 이런 곳일까. 여수는 우리의 가나안이다. 사시사철 다르게 밥상에 올라오는 바닷고기가 있고 돌산도 갓김치를 흰 쌀밥에 얹어 먹는 맛의 신비가 있는 곳. 그리고 한입 가득 숭굴숭굴한 바다가 있다. 가슴을 뻥 뚫고 나간 에너지가 바다와 하늘에서 꿈을 빚어내는 샹그릴라 도시가 여수다.

현란한 네온사인빛의 파노라마

어느덧 해가 진다. 해는 붉은빛을 분출하며 서서히 산 너머로 사라진다. 그 붉디붉은 석양의 잔광이 사방으로 퍼져나가 나의 망막까지 충혈시키는 마법의 시간에 솔직히 몸을 떨어야만 했다. 그리고 이내 어둠으로 내리고, 도시와 섬 바다는 순식간에 다양한 네온사인과 형광빛으로 찬란하게 탄생한다. 과연 이곳이 인간이 사는 도시가 맞나. 너무나 아름다운 야경이다.

관광 인파가 북새통이라 일단 저녁은 뒤로 미루고 여수 해상케이블카 승상상으로 갔다. 덥숭 대기인원이 줄을 메워 한 시간을 기다려서 가까스로 케이블카를 탈 수 있었다. 오방색을 반짝이며 바다 위로 케이블카는 간다. 그사이 어둠이 짙게 내려와 여수는 온통 불야성을 이룬다. 눈이 어지럽다. 순간순간 바뀌는 빛의 파노라마는 판타지다. 지주대인 피시타워를 지난다. 물고기가 바다로 뛰어드는 형태를 본떠 만든 피시타워는 러시아에서 설계한, 세계 두 번째, 국내 최초로 여수 해상 케이블카에 설치된 물고기 모양의 타워다.

  타고 있는 크리스털 캐빈은 바닥이 투명한 강화유리로 바다를 내려다보면 짜릿한 스릴감과 황홀한 발밑 풍광에 아찔해진다. 캐빈에서 내리니 매점이 있고 전망대가 있어 달라진 놀라운 야경에 또 한 번 놀란다. 가까이는 오동도가, 멀리 더 멀리 황홀한 밤바다가, 점점이 떠 있는 크고 작은 배들의 불빛이 너무 아름답다. 바다에서 폭죽이 터져 오르고 그때마다 관광객들이 환호성을 지른다.

  달무리 거느린 달이 밤하늘에 처연히 떠 있다. 저 달은 왜 저렇게 아름다우며 슬픈 얼굴인가. 오뉴월에 서리를 내리게 한다는 여인의 한이 절절히 서려 있는 것 같다. 그때 오늘 밤의 마지막 불꽃놀이 폭죽이 터져 밤하늘 밤바다를 찬란하게 비치며 멍멀뇌어 간다.

눈 시리도록 아름다운 겨울바다
금단의 섬, 저도

금단의 섬 저도가 2019년 47년 만에 뱃길을 열었다. 경남 거제시 장목면 궁농항은 저도까지 운항하는 유람선 해피킹이 정박하고 있는 작고 정겨운 항구였다. 갑자기 급강하한 수은주 탓인지 궁농항 앞바다는 더 파랗게 보였다.

겨울바람이 세찼지만 승선 정원 506명의 대형 유람선 해피킹이 운항하는 데에는 지장이 없었다. 안전시설이 거의 완벽한 최신형 유람선 해피킹이 드디어 저도로 출항했다. 파도가 제법 있었지만 해피킹은 롤링도 피칭도 없이 미끄러지듯이 항해했다. 한화리조트와 여러 섬들, 오전의 햇살에 얼굴색을 수시로 바꾸는 바다, 섬과 섬을 잇다가 해저로 숨어버리기도 하는 거가대교가 판타지 드림이다.

우리가 미처 경험하지 못한 몸의 기억을 넘어 상상과 꿈을 반죽하는 바다. 그 항해는 여행의 절정을 느끼게 한다.

육지가 멀어질수록 파도는 더 아름다운 4중주로 뱃머리에 철썩인다. 겨울바다 특유의 신비로운 경관과 섬이 던지는 실루엣이 내면에서 구원의 종소리로 울리는 환시·환청까지 겪을 정도로 자연은 나에게 영원의 문을 두드리는 열쇠를 쥐어 주었다. 정말 그토록 환상에 몰입된 유람선 여행은 처음이었다. 불과 반시간의 선상 시간이었지만 정수리에 활짝 피는 영감靈感의 벙거지를 눌러쓴 채 하선했다.

저도 제2전망대 환상의 뷰 포인트

저도 계류부두는 을씨년스럽다. 좌편으로 발톱을 세운 파도가 쉴 새 없이 밀려오는 백사장 뭍의 로드로 걷는다. 섬의 북쪽은 병풍처럼 산이 둘러싸고 남쪽은 완만한 평지로 돼 있다. 이어 황톳길에 들어선다. 황톳길, 김지하는 이렇게 노래했다. "황톳길 선연한 핏자욱 핏자욱 따라 나는 간다. 애비야. 네가 죽었고 지금은 해만 타는 곳." 왜 느닷없이 이런 시가 떠올랐을까. 어쩌면 내가, 어쩌면 당신이, 우리는 이런 영적 리듬에 목말라했는지 모른다. 트레킹 로드는 1급수의 열목어처럼 너무 맑고 수려해 연신 탄성을 터트리게 한다.

세2전망대는 환상의 뷰 포인트다. 겨울바다는 눈이 시리도록 아름답고 수평선 끝에 해무처럼 보이는 부산 신항만과 내륙은 감탄을 자아내게 한다. 그 사이로 거가대교,

오션 뷰에 또 말문이 막힌다. 잠시 숨을 돌리고 동백길로 간다. 일제 강점기에 다듬었다는 길은 찬바람에 푸른 잎을 펄럭이며 서있는 나무숲으로 신비했다. 추울수록 더 붉게 핀다는 동백은 언제쯤 활짝 필까. 푸조 나무도 있다. 간간이 찬바람이 불어와 무언가 말하려다가 머리카락만 흔들고 달아난다. 풍개나무도 보인다. 방화수인 아왜나무 군락이 날줄로 서 있다. 나무들은 원시의 음성으로 인간 문명에 경종을 울린다. 저 나무 숲길은 차라리 묵시록이다.

저도 청해대 산책길

옛 일본군 탄약고와 내무대(막사)를 지나 정상에 선다. 거기에 일본군 포진지와 제1전망대 정자가 있다. 일망무제의 조망은 가슴을 뻥하게 뚫는다. 앞에 보이는 중죽도와 대죽도, 그 뒤쪽으로 가덕도, 그 중간은 해저 침매터널이 이어지고 진해만 바다와 거제도 외항이 몽환의 풍경을 만들며 눈꺼풀이 파르르 떨린다. 전망대 주위에는 이런 절경에 얼큰해진 후피향나무가 꿈꾸듯이 서 있다.

임란 때 옥포해전 승전 안내판을 보고, 섬에서 가장 오래된 해송(곰솔) 앞에 선다. 1637년생 해송은 수고 30m, 둘레 3.5m로 짠한 감동을 주었다. 소나무는 우리 선조가 살아온 삶에 속속들이 스며있는 나무다. '소나무로 집을 짓고 세간을 만들고 땔감으로 쓰면서 살다가 죽으면 소나무

관에 들어가 소나무가 자라는 산에 묻힌다.' 저 해송의 나이테에는 우리의 유전자가 흐르고 있다.

어쩐 일인지 중천에 떠오른 해는 희뿌연 햇무리를 이루고 있다. 거기서 소나기처럼 쏟아져 내린 햇빛이 바다에 은박지처럼, 안드로메다처럼, 뜨물빛 가두리를 만든다. 황홀한 빈혈의 경치다. 아, 하느님! 이건 신神의 솜씨다. 또다시 골프장이 보이면서 2.9㎞의 저도 청해대(바다의 청와대) 산책길이 곧 마무리된다.

저도는 1954년부터 이승만 대통령 하계 휴양지로 이용되었다가 1972년 대통령 별장으로 공식 지정되면서 일반인 출입이 통제되었다. 2019년 9월 17일 국민에게 비로소 개방되었다. 그러나 소유권 관리권이 대한민국 국방부와 해군에 있어 입도해도 아직은 미개방 지역이 남아 있다.

궁농항의 불침번 망봉산

해발 약 80m의 망봉산은 과거 러일전쟁 때 초소를 두고 망을 보았다고 붙여진 이름이라 한다. 아치형 환영문을 지나 찬물뜰 전망대에 오른다. 이곳 역시 비경이다. 마치 저도와 이란성 쌍생아처럼 원시 숲의 탐험은 새로운 경험으로 다가온다. 길가 나무 사이로 보이는 수려한 바다와 섬들이 스펙트럼을 통과하는 것처럼 다양한 풍경으로 시야를 멍멍하게 한다. 아직까지 은빛으로 물결치는 한바다에 무인도인 말박도, 범여섬, 백서, 갈산도가 한 다발 화환처럼 무장무장 아름답다. 숲 하늘길 지나 바우세 전망대, 대봉 전망대, 모시밭골 전망대를 한 시간 덜 걸려 통과한다. 환희의 시간이고 트레킹을 만끽하는 몰입의 시간이다.

장목면 복항리에 있는 매미성
　인생은 나그넷길이라 하지 않던가. 장목면 복항리에 있는 매미성은 2003년 태풍 매미로부터 농경지를 잃은 백순삼 씨가 재해를 막기 위해 17년 동안 홀로 자연 바위 위에 쌓아 올린 성벽이다. 몽돌해변에 네모 반듯한 돌을 쌓고 시멘트로 '땜빵'을 해서 차곡차곡 쌓은 것이 이제는 유럽 중세 고성古城을 연상케 하는 걸작이 되었다. 그 규모나 디자인이 설계도 한 장 없이 지었다고는 믿기지 않을 만큼 훌륭하다.
　바다 조망도 환몽적이다. 매미성에는 의미와 정신이 깃들어 있다. 어떻게 혼자서 이렇게 고통스러운 작업을 계속했을까. 매미성은 특히 젊은 관광객으로 북새통을 이룬다. 그들이 찾는 의미와 꿈이 있고 이국의 바다 풍경과 마음을 빼앗아 가는 어떤 용기와 정신을 경험할 수 있기 때문일 것이다. 어디를 둘러봐도 포토존이다. 돌아 나오다가 또 보고 싶어 되돌아 가보는 완전 유럽풍의 매미성. 에메랄드 빛의 바나글 거듭 보고 매미싱에 고개를 돌리니 일핏 십사가가 보이는 듯했다. 그러고 보니 오늘이 크리스마스다. 언제까지 이 땅이 온전할까. 요한 계시록 한 구절이 생각났다.

또 내가 새 하늘과 새 땅을 보니 처음 하늘과 처음 땅이 없어졌고 바다도 다시 있지 않더라.

한 폭의 동양화 같은 군산 서해바다
새만금 고군산 군도

　새만금의 만금萬金은 노다지다. 그런 탓인지 새만금 하고 말하면 이빨이 반짝거리는 것 같다. 만금은 기차가 달릴 때 차창으로 보면 산이 보이지 않고 지평선만 보이는 우리나라 단 한 곳, 만경 김제평야를 일컫는다. 늦가을 벼가 누렇게 익었을 때 만경 김제평야를 상상해 보라. 당신의 눈자위는 만금으로 찰랑찰랑할 것이다.

　새만금은 신조어다. 오래전부터 옥토玉土로 유명한 만경 김제평야와 같은 옥토를 새로이 일궈 내었다는 의미를 담고 있다. 군산시에서 부안까지 길이 33.9km, 우리말로 팔십오 리. 바다 폭 평균 290m, 평균 높이 36m. 세계 최장으로 알려진 네덜란드 주다치 방조제보다 1.4km 더 길다. 새만금 방조제로 서울시 3분의 2 크기의 뭍이 생겨나고 거대한 담수호가 탄생했다. 이를테면 천지개벽한 셈이다.

새만금 전시관

새만금 전시관 전망대에서 사방을 살핀다. 바다를 가로지르는 방조제, 내수면 호수와 서해 바다, 올망졸망한 섬들. 간간이 수면에 반사되는 흐릿한 햇무리. 바다와 하늘이 구분되지 않는 해무 저 멀리서 우리의 그리움이 시작되는지 모른다.

이렇게 메타버스 같은 환상풍경에 오금까지 짜릿하다. 마치 뽕망치에 얻어맞아 정신이 얼얼한 것처럼. 이처럼 사방을 두리번거리는데 어느새 감쪽같이 안개가 밀려왔다. 그렇게나 갑자기. 안개는 바다를 지우고, 방조제를 지우고, 너도 지우고 나는 홀로 된다. 그나마 하얀 흐름으로 안개 속을 떠다니던 공상의 은빛 물고기떼가 나타나고 사라지고 반복할 때, 나는 우리 존재가 얼마나 잠깐인가를 알고 허망함에 전신이 부르르 떨린다.

그렇게 안개는 내 감정에 스며들어 추억을 소환한다. 청년 시절 어느 여름 금호강 가에서 텐트 생활할 때, 새벽이면 언제나 안개가 자욱했다. 모든 것을 순식간에 지워버리는 그 신비한 현상에 빠져 우리는 안개가 물러갈 때까지 정훈희의 〈안개〉를 불렀다. 안개를 먹고 자라는 버드나무 사이로 그 정훈희가 꼭 나타날 것만 같아, 그렇게 목이 아프도록 불렀다.

천년나무 포토존

　차는 안개 낀 방조제 길을 달린다. 처음 방조제를 만들 때 유속 때문에 마지막 물막이를 할 수 없었다. 여러 차례 시행착오 끝에 큰 돌을 망태기에 담아, 즉 돌망태 공법으로 물막이를 성공시켰다. 이건 천수만의 물막이인 정주영 공법, 즉 폐유조선을 가라앉혀 물막이를 성공한 것과 더불어 세계를 놀라게 한 유명한 공법이다. 우리가 지나는 방조제 어디쯤에서 있었던 일이다. 어느덧 야미도를 지나고 신시도를 통과한다. 안개는 말끔히 사라졌다. 자욱했던 그 안개는 다 어디로 갔을까. 장구와 술잔을 놓고 춤을 추는 무당을 닮은 섬, 무녀도 지나 장자도에 도착한다.

　여기서 대장도 대장봉까지는 걷기로 한다. 대장교를 건너자 천년나무 포토존이 등장한다. 천년나무 아래 한양으로 과거 보러 간 남편의 금의환향을 기도하던 아녀자의 전설이 있다. 남편과 자식을 위해 정화수 떠 놓고 나무·바위·달과 별에 기도하고 치성하던 우리 어머니. 그 무한 사랑의 모성애. 꺼지지 않는 가슴의 모닥불이다. 대장봉은 바위산이다. 길을 오르는데 어화대 신당이 있다. 어부들이 만선과 안전을 기도드리는 곳이다.

　여기부터 오르막이 가팔라 쉬엄쉬엄 오른다. 거의 20분 만에 대장봉 정상(해발 142m) 전망대에 도착한다. 사방이 탁 트인 파노라마 뷰가 황홀하다. 날씨는 흐렸지만 구름 사이로 빛이 내려 절경을 만든다. 섬과 섬 사이 16개 유인도와 47개 무인도가 섬의 군락을 이루어 꿈같은 비경이다.

고군산은 고려 때 수군 기지를 두었고, 섬이 많이 모여 산처럼 보인다고 '군산진群山鎭'이라 불렀다. 조선 세종 때 수군 기지가 육지로 가서 군산이 되고, 이곳은 고군산이 되었다. 예전에는 군산에서 정기여객선을 타고 선유도에 하선 트레킹을 하였는데, 지금은 새만금에서 야미도·신시도·무녀도·장자도·대장도·선유도까지 차가 다닌다.

섬과 섬을 잇는 다리도 아름답다. 선유도의 망주봉과 횡경도 방축, 명도와 말도, 그리고 해무 옅은 바다 풍경은 속절없이 한 폭의 동양화다. 내 감정에 이렇게 닭살이 돋는 환상의 여행지는 처음인 것 같다. 몇 차례나 전망대를 돌고 돈다. 신선들이 노닐던 곳, 고군산군도. 환호와 탄식이 엇갈리는 그 몽환의 풍경에 아연하다.

대장봉 전망대에서 뒷길로 내려온다. 그리고 선유도로 이동한다. 선유도 해수욕장 하얀 백사장 허구리 트레킹 로드를 걷는다. 거울처럼 맑고 투명한 선유도 바다와 명사십리 해수욕장을 눈에 담으며 걷는 시간은 순간순간이 모두 영원이다. 바다 위 덱 로드로 솔섬에 갔다 돌아 나온다. 정말 멋진 길이다.

옛적 젊은 부부가 천년왕국의 새 지도자를 기다리다 바위봉이 되었다는 망주봉도 천혜의 비경이다. 망주봉 자락길로 신기리 오룡묘에 간다. 고려 인종 1년(1123) 송나라 사신 서긍의 『선화봉사고려도경』에 오룡묘가 기록되어 있다. 거기에는 '선유도 망주봉 작은 봉우리 남쪽에 위치한다' 라고 적혀있다.

청기와 전설 오룡묘

오룡묘는 풍어보다 먼 외국으로의 뱃길 안전과 무역의 성공을 기원하는 곳이었다. 이를테면 교역선의 영험한 기도처였다. 고려 시대에 강진에서 청기와를 싣고 개경으로 가던 배가 심한 풍랑을 만나 오룡묘 앞바다에 정박하고 있을 때, 오룡묘 용신이 꿈에 나타나 청기와 다섯 장을 오룡묘 지붕 위에 올려놓으면 풍랑이 가라앉을 것이라 했다. 그대로 하자 풍랑이 그쳐 항해했다는 전설이 전해오고 있다. 그때 청기와는 8·15 광복 이후에 도난당했다고 한다. 참 애석하다.

정유재란 때 명량 해전에서 대승한 이순신 함대가 회군하여 머문 수군 기지가 있었던 곳, 숱한 전설과 역사의 맥박이 뛰는 곳, 신선이 사랑한 서해의 보석 단지 고군산 군도. 이쯤에서 선유도를 출발한다. 한국의 하롱베이 고군산 군도, 장자도·무녀도의 박버금물 해수욕장, 징장볼 해수욕장, 질망봉, 꽃지 1길·2길·3길·4길, 군장의 숨결을 노래한 하울의 섬, 우리는 그렇게 그 섬들의 먼 정치를 바라보며 새만금으로 나왔다.

조선 시대 전라 감사 이서구(1754~1825)는 새만금 일대가 앞으로 뭍으로 변한다고 예언했다. 그는 '수저水低 30장丈이요, 지고地高 30장丈이라'고 했다. 군산과 변산의 앞바다가 30장(약 90m) 깊이로 해수가 빠지고, 해저의 땅이 30장丈 위로 솟구친다는 뜻이다. 호남인들은 새만금 방조제로 바다가 육지로 변하게 되자 이서구의 예언이 맞았다고 놀라워한다.

금강 하류

이제 서천의 금강 하류로 달린다. 임인년 1월 해질녘에 펼치는 가창오리 군무를 보러. 화양면 완포리 금강 하류 둑방에는 가창오리 군무를 보기 위해 탐사자들이 여럿 도착해 있다. 강바람 불면 허연 갈대가 서걱이면서 겨울 해거름의 을씨년스러운 풍경을 더욱 스산하게 한다.

그 넓은 금강에 가창오리 무리가 엄청난 검은 띠를 형성하고 있다. 약 40만 마리의 가창오리 떼라고 한다. 가창오리 떼가 날아오르기 시작하자 정말 장관이다. 회색빛 허공에 어마어마한 새떼가 펼치는 군무는 호흡마저 멈추게 하는 기적 같은 현상이다.

자연은 정말 위대하다. 이윽고 가창오리 떼가 강에 내리고, 지울 수 없는 기억의 필름에 군무를 담아 자리를 떠난다. 새들이 날아다니다 어미새가 죽으면, 그 사체를 어떻게 할지 몰라 머리 뒤편에 이고 계속 날았다. 그것이 쌓여 후에 '기억'이 되었다고 한다. 그 가창오리 군무는 새들의 전설에서 우리가 내려받아 불멸의 '기억'이 되었다.

해무에 싸인 황홀한 비경
미지의 여행지, 조도와 호도

시간의 미로를 헤매다 도착한 곳, 파란 눈으로 그윽하게 나를 바라보는 미조항 앞바다. 영원한 박자로 철썩이는 파도에 몸을 누인 조도 도선. 오전 11시 10분 도선은 떠난다. 마치 시내버스 같은 정원 30인승 배라, 선실 밖에 나갈 엄두도 나지 않는다. 초행길이라, 앞좌석 할머니에게 조도에 대해 묻는다. 그러나 응대가 석연찮다. 그때 미조우체국 섬 집배원으로 근무한다며 자기를 소개한 김영매 씨가 조도와 호도의 현지 상황을 알아듣게 설명해 준다.

"하선은 조도 작은 섬에 하셔서 작은 섬 둘레길 걸으시고, 이어 큰 섬 둘레길도 트레킹 하시고, 다시 조도호를 타고 호도로 이동해 호도 트레킹을 하시면 됩니다. 조도와 호도 마을이 있지만, 젊은이들은 아들딸 공부시키려 뭍으로 다 나가고 지금은 노인네만 섬을 지키고 계십니다."

얼핏 들으면 조도와 호도는 마치 노인요양원 같은 섬이라고 들리기도 한다. 그러나 아름다운 바다와 섬, 천혜의 어魚 자원, 맑은 물, 깨끗한 공기까지 이곳이 노인의 천국이라고 말하면서 그녀의 눈자위가 방긋 피어났다. 그사이 조도호는 큰 섬을 거쳐 작은 섬 선착장에 배를 세운다.

조도는 새가 날고 있는 형상의 메타포다. 작은 섬은 머리이고, 작은 섬과 큰 섬을 잇는 땅은 목이고, 큰 섬은 몸통에 해당한다. 작은 섬 지바랫길로 간다. 길가에 새섬점빵이 있다. 막걸리, 커피, 과자, 컵라면을 판다. '점빵'인데 정작 빵은 없다. 붕어빵에 붕어가 없듯이. 점빵은 만물상회 구멍가게를 말한다. 아련한 추억 속의 점빵은 막걸리 잔 놓고 그날 피로를 푸는 활력 장소이자, 사랑방 역할을 했던 휴식 장소였다. 그러나 편의점이 나타나면서 점빵은 하나둘 우리 곁을 떠났다. 그렇게 철새처럼 사라진 점빵이 이곳에 느닷없이 등장한 것이다.

새 형상의 소문난 바다낚시터 조도

덱길을 걷는다. 잔잔한 바닷물, 미니 해수욕장, 큰 섬이 세마치를 이루어 비경을 만든다. 덱이 끝나는 곳에 해식애가 나타나고, 섬 밖 외해가 한눈에 포박된다. 저 멀리 돌산도 최남단 향일암이 해무로 아슴아슴하게 보인다. 바닷가 갯마위지대에 낚시꾼이 낚시를 한다. 조도·호도가 소문난 바다낚시터라고 한다. 이내 언덕마루 정상(45.3m)에 오르고, 남해도 쪽으로 애도와 사도, 그 멀리 금산이 조망된다. 우로 미조항이, 그 뒤편에 남망산이, 그 아름다운 해안선이, 2개의 유인도와 16개의 무인도가 옅은 바다 안개에 정말 상상풍경을 만든다. '아아 하느님. 당신의 천지창조. 거룩하고 거룩합니다.'

이제 큰 섬으로 간다. 야자 매트가 보인다. 큰 섬 둘레길이다. 장산곶 정상 코스는 생략하고, 해안 둘레길을 또박또박 걷는다. 큰 섬 고갯길을 넘으면서 본 미조항은 명작 그림이다. 남해의 최남단 어업 전진기지인 미조항, 구불구불한 해안선과 우뚝 솟은 금산, 남해지맥의 끝인 남망산을 다시 줌으로 당겨본다. 고흐의 〈까마귀가 나는 밀밭〉처럼, 풍경은 그 이미지가 영적이다. 불과 재건축 아파트 높이만큼의 고도상승인데, 남해섬 최남단 경치는 메타버스같이 초감각적으로 탈바꿈한다. 그 남해지맥 너머에는 우리의 공허한 꿈들이 떠돌고 있을까.

이내 큰 섬 마을이 나오고, 마을 뒤 언덕배기에 다이어트 보물섬 사업 장소 '치유의 섬 힐링 센터' 건물 공사가 진행되고 있다. 공공 250억, 민자 150억 투자하여 호텔, 빌라, 다이어트 센터, 카페, 전망대, 치유의 숲을 만든다. 거기서는 죽암도와 작은 섬, 쌀섬과 해안벼랑길이 보인다. 낚시꾼들도 제법 보인다. 그리고 먼 바다와 황홀한 풍경은 사업가들이 왜 여기에 투자하는지 고개를 끄덕이게 한다. 제1덱 전망대에 도착한다. 오션 뷰 포인트다. 정말 아름답다.

트레킹 로드는 꿈과 환상으로 새끼를 꼰다. 강화강판 다리를 건넌다. 바닥 아래 아찔하게 바다가 보이고, 나도 모르게 떨리는 목젖으로 사도신경이 튀어 나온다. '전능하사 천지를 만드신 하나님 아버지를 내가 믿사오며. 그 외아들 우리 주 예수 그리스도를 믿사오니…' 이 사도신경은 사라지지 않고 대자연에 고스란히 저장된다. 그게 영혼의 게놈이 된다.

오늘따라 천지를 만드신 하나님, 그걸 내가 믿어야 된다는 경험이 너무 절실해 집중력으로 마음에 사경寫經을 한다. 바다를 바라보며 이어지는 로드는 꿈과 별, 섬의 삼각편대다. 제2덱 전망대도 거치고, 큰 섬 내린봉길이 끝나면서 우리가 하선한 작은 섬 선착장에 도착한다. 잠시 후, 조도호에 승선해 호도로 떠난다. '아아아 새야. 영겁의 바다에 누워있는 새섬아. 네가 날아오르는 미래의 날에도 이 바다가 이렇게 아름다울까.'

깍아지른 해식해 절경인 호도

호도는 해변의 해식애가 가파르다. 마치 우람한 근육을 자랑하는 성체 수호령이처럼. 딘 하나 마을 가는 길은 포장도로이지만, 옆에 모노레일도 있다. 애줄 없이 걸어서 마을로 간다. 과거 초등학교 분교로 보이는 건물 뒷길로 가다가 우측으로, 한 번 더 우측으로 튼다. 야자 매트 깔린 트레킹 로드가 로맨스 영화 첫 장면처럼 클로즈업된다. 파노라마 바다 풍경은 정신마저 멍멍하게 한다. 오늘따라 저 바다가 왜 그리 가슴에 조곤조곤 스며드는지.

그렇게 여행객이 그러하듯 걷는데, 동백숲길이 나오고, 거기를 지나면서 동백꽃 향기가 코를 쥐어박아 어지럽기도 하다. 버덩 묵밭에 검은 염소 두 마리가 서 있다. 다가가도 반응이 없다. 무의미하다. 고갯마루를 넘고, 마을을 지나니 선착장이 나온다. 방파제 너머 조도호가 들어오고 있다. 미지의 여행지였던 조도·호도 트레킹. 기대와 불안감도 있었지만, 돌이켜 보면 기쁨과 즐거움만 회상되는 트레킹이다.

모세의 기적이 열리는 섬
뭍에서 아득히 바라보이는 제부도

간물 때였다. 시나브로 바닷물이 빠져나가고, 제부도 들어가는 구불구불한 S 자 포장길은 갈회색 갯벌 위로 은박의 띠처럼 반짝거린다. 바닷물을 상실한 섬은 뭍의 한 팔이 되어 마치 연꽃을 쥐고 있는 듯, 아름다운 풍경이다. 섬은 화성 송교리 해안에서 1.8km 서쪽 지점에 있다. 제부도는 예부터 뭍에서 아득히 바라보이는 섬이란 의미로 '저비섬' 또는 '접비섬'으로 불리었다. 조선조 중기 무렵부터 송교리와 제부도를 이어주는 갯벌 고랑을 어린아이는 업고, 노인은 부축해서 애면글면 건넌다는 뜻의 '제약부경濟弱扶傾'이라는 말이 전해 왔다. 여기서 '제濟' 자와 '부扶' 자를 따와 '제부리濟扶理'로 개칭되었다 한다.

이 섬은 하루에 두 차례 바닷길이 열리는, 이를테면 '모세의 기적'이 나타난다. 그러니 40년 전만 해도 제부도 사람들은 장화를 신고 갯벌에 빠지면서 뭍으로 건너가곤 했다. 그 뒤 갯벌에 돌다리가 놓이고, 한동안 그렇게 다니다가 1988년 지금과 같은 시멘트 포장길, 즉 바닷속 찻길이 되었다.

달리는 차 안에서 잠시 눈을 감는다. 언제부터인가 눈만 감으면 더 또렷해지는 영상이 있다. 영화〈모세〉에서 모세가 이스라엘 백성들을 데리고 바닷물이 갈라진 홍해를 건너는 장면이다. 긴 영화 화면에서 이 장면만이 망막에 잔류해 눈만 감으면 기억의 회로에서 파르르 떨리며 되살아나는 것이다. 왜 그럴까 영문도 모르는 채.

눈을 뜬다. 섬과 주변 풍경이 눈자위에 아롱거린다. 속살 드러낸 갯벌은 얼마나 친환경적인지. 물 빠진 벌에 작은 어선 몇 척이 평화롭게 누워있다. 또 얼마나 친근한 배경인지. 배들의 방향타이며, 섬의 아이콘이기도 한 빨간 등대까지 그러구러 도착했다.

바닷속 찻길 드러나면 펼쳐지는 갯벌

바다 쪽으로 난 덱 전망대에서 보는 풍광은 일찍이 경험하지 못한 것으로 그 충격이 등줄기까지 찌르르 관통했다. 물이 빠진 양쪽 바다 벌이 햇빛에 반사되어 희끄무레하게 백내장을 만든다. 가장 낮은 곳, 바닷물이 넘실거리는 곳에 쾌속선과 어선들이 그럴싸하게 한 폭의 상상화를 그리고 있다.

전망대는 관광객으로 붐빈다. 저 섬과 바다가 정신을 흩뜨려 눈을 홉떠본다. 섬과 바다의 바람, 나는 저 허공을 흔드는 무언의 바람이고 싶었다. 이런 경험은 의식과 무의식을 이어주는 새로운 길이 된다. 마치 간조로 송교리와 제부도가 이어지듯이. 그래서 더 폭넓은 경험으로 학습되는 것이다. 빨간 등대가 제부도 서쪽 제비꼬리길 출발점이다. 섬이 제비의 꼬리를 닮아 그렇게 부른다고 한다.

바다 건너 뭍인 궁평이, 바다와 하늘 사이에서 감청색의 샌드위치가 된다. 그 뭍의 서쪽에 대부도 영흥도 자월도 승봉도가 떠 있다. 여기는 말로 다 할 수 없는 풍경이 눈과 감정을 사로잡아 먹먹하게 한다. 제비꼬리길은 '제부도 문화예술섬 프로젝트'로 탄생한 트레킹 로드다.

왼편 상가를 지나 탑재산 밑 덱길에 들어선다. 곳곳의 안내문 중, 시간에 대한 단상도 있다. 어쨌든 시간은 신神의 솜씨다. 성경 창세기 인간의 창조에 보면 '여호와 하나님이 흙으로 사람을 지으시고 생기를 그 코에 불어넣으시니 사람이 생령이 된지라'가 있다. 여기에 나오는 '흙'과 '생기'의 원료는 시간이다. 인간은 심장 박동으로 시계를 만들었고, 시간의 줄을 타고 곡예를 하면서, 신의 나라를 엿볼 수 있었다. 인간의 일대기인 태어나고 병들고 늙고 죽고 하는 것이 시간의 얼개다. 그 한 치도 어긋남이 없는 시간의 법 앞에 우리는 예배하고 기도한다.

바다 쪽은 염습지다. 갯벌의 초원, 강한 바닷바람, 바닷물 그리고 큰 기온 차로 식물이 살기 힘든 곳, 오직 강한 생명력으로 가혹한 환경을 이겨나가는 염생 식물이 대규모 밀집된 지역이다. 사나운 파도를 잠재우는 마법을 부리며, 육지와 바다의 경계에서 생태계 전이 지역의 역할을 해내는 섬의 염습지는 원시 그대로 적나라하다. 해안사구 식물도 보인다. 수분이 부족한 모래 언덕에서 염분, 기온 차라는 어려운 환경을 이겨내고 많은 잔뿌리를 이용해 억척으로 살아가는 여러해살이풀. 염색한 머리칼처럼 금빛인 모래 언덕의 풀들은 바람에 잠깐 흔들리다가 이전의 꿈 꾸는 기억으로 돌아가곤 한다. 이 풀에서 오랜 시간 척박한 환경을 견뎌내며 섬을 지켜 온 제부도 주민들을 떠올린다.

수십 마리는 됨직한 괭이갈매기가 이악스럽게 접근한다. 고양이 울음과 구별되지 않는 울음 탓으로, 괭이갈매기라 부른다. 해안 갯벌 어디서나 쉽게 볼 수 있는 텃새다. 적응력이 뛰어나고, 사람의 움직임과 음식에 익숙하고, 어촌 식당에서 배출하는 음식물 쓰레기, 심지어 갯벌의 낙지까지 못 먹는 것이 없을 정도다. 한편 독 있는 복어나 먹을 수 없는 것을 던져주면 허투루 보지 않는 영악함도 있다. 물갈퀴가 있어 수영도 하며 갯벌의 터줏대감으로 군림하는 새이다.

가장 높은 탑재산 덱길

하늘의자에서 좌로 틀어 섬에서 제일 높은 탑재산 덱길로 오른다. 가파른 길이다. 오르면서 조망하는 비경에 눈이 바쁘다. 하늘 둥지 전망대에서 사방을 두루두루 본다. 새 둥지처럼 포근한 쉼터에서 숨을 고르고, 온몸의 촉각을 집중해 자연의 그림자까지 꿀떡꿀떡 삼킨다. 섬의 남단 매바위까지 드넓은 백사장, 더 멀리서부터 차츰 달라지는 물때 따라 바뀌는 풍경에 혼뜨검이 난다. 머무는 시간이 길어져 발을 뗀다. 그러나 한편으로 시간의 결박에서 벗어나 영원한 자유의 해방감을 만끽한다.

모세의 기적은 구약성경 출애굽기에 기록된 홍해 바다 갈라짐을 말한다. 탐욕은 우리를 노예로 만든다. 반면 영혼은 우리를 자유롭게 한다. 모세가 했던 것처럼. 기독교인이든 아니든 누구라도 모세가 이집트인으로부터 이스라엘 백성을 구해낸 이야기는 들었을 것이다. 그 줄거리는 모세가 불타는 가시덤불 앞에 서서 하나님의 음성을 듣는 놀라운 경배에서 시작된다. 모세는 히브리 노예 여인에게서 태어났다. 그러나 이런저런 우여곡절을 거쳐 파라오 딸이 모세를 키웠다. 그가 장성하였을 때, 이집트 병사가 히브리 노예를 심하게 때리는 것을 보고 격분하여 그 병사를 죽였다. 이 소문이 퍼지자, 위기를 느낀 모세는 시나이반도로 도밍가 십보라와 결혼하고 그곳에서 40년을 살았다.

어느 날 호렙산에서 양 떼를 돌보다가 하나님의 말씀을 듣게 되었다. 이를 계기로 하나님의 계시를 받게 되고 숱한 곤란을 거쳐 모세와 이스라엘 백성들은 약속의 땅으로 떠날 수 있었다. 그러나 이들을 떠나보내고 후회하던 파라오가 추격하여 오자 홍해를 가르고 이스라엘 백성들을 건너게 한 후, 뒤따라오던 이집트 군대를 전멸시킬 수 있었다. 그게 '모세의 기적' 이다.

정상을 거쳐 숲길을 지나 왕진물 쉼터에서 다시 풍광을 감상한다. 제부도와 전곡항을 잇는 2.12km 구간의 서해랑 해상케이블카가 오락가락하는 광경은 정녕 현실이 아닌 것만 같다. 그리고 제부도 바닷길, 누에섬, 해상풍력, 마리나 등을 주시한다. 제부 마리나marina는 경기도 최대 규모로, 요트와 보트가 해상 176석·육상 124석이 정박하는 최신시설이다. 그러나 더욱 감동인 것은 간조 때면 송교리와 제부도를 잇는 포장된 찻길, 모세의 기적이 던지는 의미일 것이다.

수산물 센터에 도착하고 트레킹은 마무리된다. 이런 내면에 영혼이 깃드는 트레킹으로 얻은 기쁨에 흠뻑 젖어, 나는 나 자신에게로 돌아온다. 그리고 돌아온 나 자신의 내면에서 비로소 태초에서 지금까지 우리를 부르는 신神 앞에 신발을 벗고 마주할 수 있게 되는 것이다.

지붕 없는 미술관
예술의 섬, 고흥 연홍도

남해는 푸른 옥빛이다. 고흥 거금도 서쪽 끝 득량만 바다 나들목에 있는 연홍도는 그 푸른 바다 위에 그림처럼 떠 있다. 섬에 가기 위해 배를 기다리는 것은, 기대와 열망을 가슴에 가득 채우는 '달고나 시간'이다. 승선 인원이 많아 다음 배를 타기로 한다. 거리래야 불과 약 600m 남짓. 왕복 10분이면 된다고 한다. 연민과 사랑의 푸른 눈빛을 가진 바다를 바라보며 오늘만은 앞서가야 한다는 경쟁의 속도를 내려놓는다.

해안도로 곳곳의 그림과 정크아트
한국의 나오시마 예술의 섬, 지붕 없는 미술관 연홍도에 발을 디딘다. 아치문에 '가고 싶은 섬 연홍도'가 적혀있다. 비록 연홍도기 이닐지라도 섬은 우리가 인제라도 가고 싶은 곳이다. 하물며 지붕 없는 미술관이라는 연홍도임에야 말할 나위가 있겠는가. 섬은 꽃이고 별이다. 섬은 푸른 그리움으로 출렁이는 바다에 떠 있는 신의 작품이다. '연홍아 놀자'로 표현한 왼쪽 방파제에는 대형 흰뿔소라고둥 조형물이 여행객을 반긴다. 이 지역 특산물인 소라고둥을 형상화한 것이다. 지난날 가난과 눈물로 살아가던 섬사람에게 소라고둥은 애면글면한 용돈이었고 주전부리 먹거리였다.

연홍도 커뮤니티 센터를 지나고 마을로 들어선다. 형형색색의 지붕이 알록달록 모자이크다. 마을 담벼락에 '연홍 사진 박물관'이 있다. 주민들의 옛 추억을 담은 사진 200여 점이 타일 벽화로 붙어 있다. 학교 졸업과 여행, 결혼 등이 얼개를 이루고 있다. 이 사진 속의 주인공들은 지금 어디서 무엇을 하고 있을까. 그들은 자신들의 가장 아름다웠던 순간을 박제해 놓고 어디로 흘러갔을까. 이 사진의 추억, 말하자면 그들의 추억은 나의 추억으로 곧장 통하는 통로였다. 좀 더 걸어 나가자, 골목 입구에 거금도 출신인 왕년의 프로 레슬러 박치기왕 김일 선수와 연홍도 출신 프로 레슬러 두 명의 벽화가 있다. 그중 백종호 선수는 '낮에는 은행원, 밤에는 레슬러'였는데, 영화 〈반칙왕〉(2000년 개봉)의 실제 모델이었다.

길 따라 더 나아가면 삼거리가 나온다. '아르 끝 둘레길' 과 '연홍 미술관' 으로 가는 갈림길이다. 섬의 작은 언덕배기에 세 가닥 길이 트여 있다. 먼저 연홍 미술관 가는 길로 내려간다. 해안을 따라 걷는다. 가로등에 깜찍한 벌 한 마리, 스피커가 벌 모양이다. 발치에 파도 소리가 스며들고, 해안가를 따라 곳곳에 예술 조형물이 설치된 길을 걷는다. 저 스피커에서 슈베르트의 〈겨울 나그네〉라도 흘러온다면 사랑에 실패한 청년의 얼어붙은 감성이 녹아내릴 텐데. 바다 건너엔 금당도와 완도가 보인다. 우뚝한 해안절벽이 비경이다. 그 바다에 제주와 녹동항으로 오가는 대형 여객선이 느리게 간다.

골목과 해안도로에 그림과 조형물 60여 점이 눈에서 감성을 퍼 올린다. 이런 정크아트(재활용품으로 만드는 예술작품)가 어떻게 이렇게 예술적인 흡인력으로 우리를 몰입에 빠뜨리는지. 〈켜져라, 모두의 꿈〉도 보고 붉은색을 입힌 여인의 흉상도 살핀다. 〈꽃과 소녀〉, 기계 부품으로 조립한 〈대형 물고기〉도 망막에 착 달라붙는다.

"햇빛에 자연 건조하는 멸치, 칼슘의 왕, 고흥 멸치는 '저염' 입니다."라는 설명과 함께. 고흥 멸치들의 일광욕, 그것도 하나의 빛의 예술로 보인다. 그 부두에 한가로운 빈 배 한 척이 홋줄에 매여 있다. 배 위 빈자리에 바닷바람과 햇빛 그리고 파도를 밀어내는 허공이 단전 호흡을 하고 있다. 빈 배는 마치 딜마의 면믹처럼 우리의 본모습이 허공임을 가르치고 있다.

폐교를 문화공간으로 리모델링한 연홍 미술관

연홍 미술관 안으로 들어간다. 폐교하고 8년 동안 방치된 건물을 리모델링하여 개관하였다. 그 안에는 50여 평의 전시실과 60명이 쉴 수 있는 숙소까지 만들었다. 이 섬 출신인 김정만 화백의 고향 사랑이 이렇게 문화예술 공간을 만든 것이다. 지금은 선호남 관장이 관리하고 있다.

전시실에는 150여 점의 작품을 항상 전시하며, 시간이 지나면 전시 작품을 교체한다고 한다. 그림 중 〈지나고 나면 결국은 다 웃어넘기는 것들〉(눈길 김인원), 〈더 열심히 그 순간을 사랑할 것을, 모든 것이 다 꽃봉오리인 것을〉(정현종 詩 중에서)이 시선을 끈다. 그러구러 밖으로 나온다. 섬나라 미술 여행에서, 단 하나 정수리에서 활짝 피는 〈해바라기 그림〉(무명 화가의 작품)이 노란 환상으로 이글거린다. 해변에 '사랑'이라는 제목의 조형물이 있다. 그리고 하늘 담은 오름길 정상에 있었던 연홍 교회. 그 오마주. 해바라기와 사랑, 교회. 그 눈에 핏발이 서는 실루엣 때문에 나는 나의 시 詩「고흐의 해바라기」를 소환해야만 했다.

해바라기는 고흐의 꽃이다. 고흐는 노란 집에서 노란 해바라기를 그렸다. 햇살의 뜨거운 색채로, 가슴을 쥐어뜯으면서 해바라기를 그렸다. 자기의 마음에서 물결치는 노란색. 이곳에서가 아니고 저 위에 더 많은 색과 햇빛을 보기 위해, 거기에 영혼이 있었다. 고흐는 그를 그리고 싶었다. 그는 자신의 말만으로 살아있는 사람들을 죽지 않는 하나님의 아들로 만들었다. 오직 그만이 영생을 자신했고, 시간의 무한성, 죽음의 무의미함, 죄의 심판을 용서하는 사랑과 복음을 노래했다. 희미하게 가물거리는 노란빛 면류관을 쓴 그리스도의 환상을 볼 적마다. 마음에 타오르는 불과 살아있는 어떤 것이 사랑으로 바뀌기도 했지만 그림을 다 그리고 나면, 그림도 한낱 꿈이었음이 물음의 영원한 답이 되었다. 해바라기 그림은 영혼의 꽃이지만, 말씀을 그릴 수는 없었다. 고흐는 자신의 귀를 잘랐다. 그의 말씀을 더 듣기 위하여. 그리고 1890년 7월 27일 879점의 그림을 남기고 권총으로 자살했다. 밤하늘에 활짝 피는 밤의 해바라기, 별을 향해 걸어가기 위해서.

조형물과 미술 작품 속을 걷는 것은, 별을 향해 걸어가는 것인지도 모른다. 그럭저럭 좀바끝 숲길로 간다. 반달 모양으로 휘어져 있는 해변은 절경이다. 바다와 어우러진 풍경은 자연이 빚은 조각품 같다. 내가 걷고 있는 해안 쪽은 해송들이 우거져 있다. 해모가지 갈림길을 지나자 해안 전망대가 나타났다. 팔각정자인 전망대에 올라서 조망한다. 금당도 완도 방향은 시야기 더 멀리 넓게 잡히고, 지금도 소록도도 말을 걸어온다. 단연 섬의 샹그릴라다. 내려와 좀바끝으로 간다. 앙상한 잠풀밭 지나 좀바끝 이정표에 선다. 여기도 풍광이 뛰어나고 새롭다. 돌아 나오면서 바닷가로 내려간다. 해안은 깨끗하고 맑다. 해모가지에서 오름을 타고 걸어온 길에 합류한다. 선착장으로 나오기 위해 해안 둘레길로 들어선다.

좀바끝 숲길 지나면 반달 모양의 해변
작은 사슴을 닮았다는 소록도가 성큼 다가온다. 인어 조각상을 만난다. 정말 아름답고 고결한 모습이다. 지구의 생명은 그 기원이 바다였다. 최초의 작은 아메바가 생명의 모태였다. 인간은 바다에서 뭍으로 진화해온 등 푸른 물고기였는지 모른다. 인어의 가슴 아래 물고기 형상이 단지 상상만의 세계일까. 어머니 같은 바다를 보며, 깨우친 통찰이 현실을 사랑으로 감싼다. 트레킹을 통해서 자신을 회복할 때, 바람은 기도가 되어 불고, 사랑은 구름처럼 저 하늘까지 흘러간다. 선착장에 나오니 배가 기다리고 있다.

무의도와 이어지는 화합의 모랫길

인천 무의도 실미도 트레킹

그땐 정말 몰랐다. 저 바다가 무엇을 말하고 있는지. 무의대교에서 바라보는 바다는 오전의 햇살 아래 코발트블루로 반짝이고 있다. 바다의 아득한 수평선은 하늘로 날아올라 나의 꿈과 미래에 날개를 달아준다. 무의도 실미 해안에 도착하니 잔잔한 파도가 수없이 밀려와 백사장을 흠뻑 적시고 물러난다. 장엄한 교향곡을 처음 들었을 때처럼, 저 쉴 새 없이 반복되는 바닷물의 오고 감에 진한 감동을 느낀다. 파도가 칠 때마다 하얀 포말이 흰장미처럼 피었다 지고, 따라서 나의 감정도 활짝 피었다 진다.

마침 물때가 맞았으므로 실미도로 건너간다. 실미도는 인천 앞바다에 속한 작은 무인도다. 무의도와 실미도를 이어주는 모랫길은 만조가 되면 바닷물이 출렁거려 섬과 섬을 만들고, 간조 땐 섬과 섬을 연결하여 사람이 걸어서 가는 소위 모세의 기적을 만든다. 사람이 다니는 길은 어장 뽈대로 표시, 갯벌과 분리하고 있다. 발을 통해 오는 모래의 촉감에 바다를 느낀다. 불과 10분 만에 실미도에 도착한다. 사람이 살지 않았기 때문에 자연이 살아 있다.

우측 해변을 걷는다. 바다 건너 육지에는 이름 모를 산야가 펼쳐진다. 그러나 눈길을 사로잡는 것은 역시 바다다. 나에게 파란 바다는 신비고 기쁨이다. 그리고 백사장을 걸으며 나누는 형이상학의 대화다. 바다, 온갖 생명이 살고, 오염을 정화시키며, 무한가능성이 있는 곳. 바다는 사실 모든 생명을 낳았다. 우리 인간을 포함해서. 인간은 바다의 포유류가 육지에 살게 되면서 진화한 영장류다. 해변에 돌이 많아 더 나아가지 못하고 돌아 나온다.

처음 길의 반대편으로 간다. 이쪽에선 무의도가 훤히 보이며, 백사장도 제법 있다. 길지 않는 썰물 시간임에도 모래 위에는 수많은 발자국이 이리저리 엉켜 있다. 누가 언제 저렇게 많이 걸었을까. 백사장이 다하고 여기도 돌이 해변을 메우고 있다. 형형색색의 돌들이 상상과 편안함을 준다. 사람들의 어떠한 요구에도 자기를 지키는 돌 앞에 서면, 나는 돌이 되고 내면의 아픔은 사라진다. 단지 일시적인 현상으로 나타나는 나 자신에 비해 돌은 그나마 영원일 것이다. 이러한 원시의 해변을 걸으면서 왠지 이글거리는 감정에 사로잡혀야 했다. 그건 아픔과 다른 끝없이 분출하는 어떤 힘의 정서였다. 내 안에 있는 또 다른 존재인 그 힘은 저기에 서 있는 마치 나 자신 같은 돌의 이입이었다.

산 쪽으로 돌아 나오는데, 곳곳에 쓰레기가 보인다. 쓰레기는 바다 파괴의 첨병이다. 인류는 이미 바다를 손상하기 시작했고, 그게 부메랑이 되어 바다는 인류에게 치명적인 상처를 입힐 것이다. 이는 우리에게 가장 위급한 문제인데, 정작 이를 심각하게 여기는 사람은 소수다. 인류에게 가장 중요한 생존의 열쇠는 바로 그곳, 바다에 있다. 바다를 모르기에 우리는 바다를 더럽히고 약탈하고 죽이고 있다. 그게 우리 자신도 함께 더럽히고 약탈하고 죽이는 것이다. 영장류라 하는 인류가 어쩌다 이 지경에 이르게 된 것일까.

무인도 비극

밀물이 들어오기 전에 실미도를 빠져나간다. 무의도에는 영화 촬영 세트장이 있다. 〈실미도實尾島〉는 1971년 8월 23일 실제로 일어났던 8·23 난동 사건을 영화화한 것이다. 1999년 백동호의 소설 『실미도』가 발표된 후, 그동안 숨겨져 왔던 실미도 684부대의 사건 진상이 세상에 알려졌다. 이에 따라 영화가 만들어지고 2003년 개봉하였다.

〈실미도〉는 우리나라 처음으로 천만 관객 수를 돌파한

영화로 비극적이면서도 가슴을 찢는 684 북파 부대 사건을 다루고 있다. 1968년 1월 21일 북한의 124부대, 즉 김신조를 포함한 31명의 무장 공비들이 청와대를 습격, 당시의 박정희 대통령을 암살하고자 침투하였다. 이 과정에서 29명은 사살되고, 1명은 북으로 돌아갔고 1명 즉 김신조는 투항하게 되었다. 투항한 김신조는 침투목적을 묻는 기자에게 "박정희 모가지 따로 왔수다."라고 응대했다.

1·21 사건에 대해, 그 당시 전 국민은 분노하고 북한을 규탄했다. 우리 군도 이에 맞서 김일성 암살 목적으로 북파 공작대를 창설하게 되는데, 그중 하나가 공군 소속의 684부대였다. 1968년 4월에 창설하여 684라는 부대명이 생겼다. 인천 앞바다 무인도 실미도가 684부대의 캠프였다.

사회 취약계층, 가난한 하층민의 젊은이 31명을 모병하여 지옥 훈련이 시작되었다. 이런저런 이유로 7명의 젊은이가 사망하고 24명의 정예 부대원들이 남았으나, 그사이 남북 화해 무드가 조성되어 684부대의 북파 침투는 취소되었다. 이렇게 되자 창설 목적과는 달리 이제 684부대는 골칫거리가 되었다. 그러자 부대원에 대한 대우도 급격히 나빠지고 부대원들을 제거한다는 흉흉한 소문이 부대 내 떠돌기도 했다. 그럭저럭 3년 4개월이 지난 1971년 8월 23일 오랜 훈련의 트라우마로 684부대원들의 불만이 폭발, 난동을 일으켰다. 부대 훈련 조교, 기간병, 장교 등 18명을 살해하고 실미도를 탈출해 인천 독배부리 해안에 상륙, 버스를 탈취했다. 청와대로 향한 이들은 군경과 교전을 벌이던 중 수류탄을 터트려 자폭했다. 버스 안에서 20명이 즉사하고 4명만 살아남았다. 하지만 생존자 4명도 이듬해 그러니까 1972년 3월 10일 군사재판에서 사형이 확정되고 서둘러 집행되었다.

이런 전무후무한 사건이 일어났으나 언론 통제로 세상에 알려지지 못하고 30년 동안 묻혀 있었다. 그러다가 소설로 그 사실이 세상에 드러나게 되었다. 인간이 인간에게 어디까지 잔인할 수 있는지. 그리고 인간이 인간에게 어떤 존재인가를 생각하며 터벅터벅 걷는다.

무의도의 둘레길 1코스

드라마 〈천국의 계단〉도 이 섬에서 촬영했다. 2003년 12월 3일부터 2004년 2월 5일까지 총 20부작으로 방영된 SBS 수목 드라마이다. 방영 당시 평균 시청률이 40%를 웃도는 등 모르는 사람이 없을 정도로 대단한 인기를 끌었던 화제작이었다. 드라마가 끝나고 각종 패러디와 최지우, 김태희의 액세서리 및 패션들이 유행될 만큼 사람들의 관심을 모았다. "사랑하는 사람은 돌아오는 거야. 아무리 먼 길을 돌아도 결국 돌아오는 거야." "천국은 저에게는 갈 수 없는 나라입니다. 이 벽화 앞에서 세상의 모든 사랑이 이루어지길 그 어떤 용서받지 못할 사랑도 이루어지길 기원합니다." 아직도 회자되는 명대사가 귀에 들린다.

무녀가 춤추는 형상을 하고 있다는 무의도의 둘레길 1코스를 걷는다. 실미 해안에서 큰무리 선착장까지다. 실미해안의 백사장길은 길 없는 길이다. 마치 반달 같은 만에 떠 있는 실미도가 유난히 눈에 어릿어릿하다. 이 해안은 도둑게들이 점령한 땅이다. 도둑게는 정식 학명으로 해안에서 2km 정도 떨어진 산에서도 서식한다. 생김새가 웃는 얼굴과 같아 'smile crab' 이라 불리기도 한다.

섬과 바다 하늘, 멀리 산과 도시 그리고 인간이 만든 걸작인 무의대교는 한 편의 시다. 머리에 쏟아져 내리는 영감은 여기가 또 다른 세계에 이르는 길목임을 암시하고 있다. 덱길이 끝나고 산길로 접어든다. 웬수부리를 지나고 임경업 장군이 진을 쳤다는 구낙구지도 통과하여 큰 무리 선착장에 도착한다. 오후의 섬과 하루의 시간 속 그 틈새에 과연 내가 걷고자 하는 길이 더 있었는지 아련하다.

한센인 애환 서린 그 섬에 서다
슬픈 작은 사슴의 섬, 소록도

소록도 길은 살아있다. 바다가 풍기는 푸른 갯내, 마치 시詩 같은 난대의 녹색 잎이 허공에 한들거리는 그 길은 싱그럽다. 나는 늘 내 안으로 이어지는 길을 꿈꾸지만, 작은 사슴 긴 목을 연상케 하는 소록도 길은 나를 지나고 너를 지나고 멀리 더 멀리까지 갈 수 있는 아련한 길이다. 비가 주룩주룩 내린다. 그리고 세찬 바람이 윙윙 불어도 이곳은 여전히 아름다운 섬이다. 그러나 이 길에서 보는 아름드리 해송과 이곳 바람은 나에게 친밀한 자연의 길잡이다.

저 바다 어류에게 일어나는 일, 이 땅 짐승들에게 일어나는 일, 그건 나에게 일어나는 일과 같이, 한 손안에 있다. 만물은 서로 맺어져 있으므로. 초입에 수탄장이라는 안내가 있고 내용은 이러했다. 소록도 한센병 환자들도 결혼해 아이를 낳았다. 그런 미감아인 아이는 부모와 떨어져 보육

소에서 산다. 당시는 한센병이 유전되고 또 전염된다고 믿었기에 그러했다. 그러나 부모 자식이 서로 만나 함께 살고 싶은 인류의 정은 어쩔 수가 없다. 그래서 한 달에 한 번씩 이곳 수탄장에서 면회가 이뤄졌다. 길을 사이에 두고 자녀들은 반드시 바람을 등지고, 전염을 막기 위해 안부를 묻거나 눈으로만 서로를 확인하던 시름과 탄식의 장소다.

숱한 희생으로 탄생한 중앙공원

싸목싸목 걸어도 어느덧 중앙공원에 도착했다. 우리에게 너무나 잘 알려진 소록도는 한센병 환자의 섬이었다. 일제 강점기인 1916년 2월 24일, 한센병 환자들을 격리 수용하기 위해 자혜의원을 개원한 게 시작이다. 그 후 형언할 수 없는 숱한 애환이 소록도에서 야기됐다. 그 피고름 같은 시간이 진득하게 흘러갔다. 인간의 영혼이 그 사람의 몸에서 싹트는 어떤 것이라면, 한센병 환자들의 영혼은 그야말로 애환으로 뭉쳐진 아픔과 신음의 추상화일 것이다.

이제 길 따라 숲이 나오고 그 숲 일부를 점령한 난대의 나무들이 무성하다. 그 숲은 지금까지 무얼 말하고 있는지, 또 누굴 기다리는지, 깊은 근심 애수가 흐르는 침묵의 공간으로 자리하고 있다. 공원 초입에 있는 감금실과 검시실에까지 그 숲의 환영이 따라와 옛 시간의 기억에 어두운 그늘을 만들었다. 일제 강점기 인권 사각지대인 이곳에서는 별의별 해괴한 사단이 많았다.

인권 사각지대

감금실을 둘러본다. 일제 강점기 시대에 병원장은 징계 검속권이라는 강력한 권한을 가지고 환자들을 통제했다. 병원장은 재판 없이 환자들을 감금할 수 있었고 출소 시에는 단종 수술을 시행했다. 암울한 과거사다.

1935년에 건축된 옆의 검시실로 간다. 방 한가운데 돌로 만든 검시대가 놓여 있다. 한센병 환자가 죽으면 누구든지 이곳에서 검시 절차를 거쳐 화장장으로 옮겨졌다. 입구의 넓은 방은 검시실, 안쪽 방은 영안실로 사용됐다. 그래서 소록도 한센병 환자는 일생에 세 번 죽는다고 한다. 한센병이 확진되면 한 번 죽고, 검시실에서 해부하면서 두 번 죽고, 그 후 화장을 하면서 세 번 죽는다고 한다. '태어나지 마라, 죽기가 괴롭다. 죽지 마라, 태어나기가 괴롭다' 는 어느 고승의 전언이 귀를 파리하게 한다. 그러한데 한 생에 세 번씩이나 죽었으니, 얼마나 괴로웠겠는가.

이제 중앙공원 안으로 들어간다. 우중충한 하늘에 비는 계속 내리고, 빗소리는 참으로 서러운 탄식의 울림으로 전신을 혼곤하게 한다. 1936년에 착공, 1940년에 준공된 중앙공원은 당시 전적으로 한센병 환자들의 강제노역으로 조성됐다.

여러 곳에서 가져온 각종 정원수와 다른 지역에서 운반된 큰 바위는 목도꾼들에 의해 옮겨져 아름다운 공원으로 탄생했다. 이렇게 어려운 공사에 강제 노역으로 동원됐던 한센병 환자들의 희생은 실로 컸었다. 과로, 치료 부족으로 죽어 나가는 자도 있었고, 일하면서 손가락과 발가락이 떨어져 나가는 한센병 환자들도 많았다. 그러나 한센병 환자들은 그 고통을 모르므로 오그라든 손으로 발로 그 힘든 공사를 했다고 한다. 저 비애가 흐르는 숲에 7월의 비가 쉬지 않고 내린다. 숲에는 아직도 그리도 혹독했던 한숨과 슬픔을 입에 가득 물고 희생되어 간 한센병 환자들의 영혼이 떠돌고 있을까.

조금 더 걸어가면 구라탑이 나온다. '한센병은 낫는다'라는 글귀가 새겨져 있다. 그 불행의 대명사였던 한센병 환자들에게 꿈과 희망, 치유의 주술 같았던 저 신념의 글귀가 머리 위에서 물결친다. 그게 단지 비 때문이었을까. 더 나아가니 연못이 나오고 물 위에 십자가에 매달린 예수님상이 나타난다. 이곳에는 벽돌 공장이 있었다. 자급자족해야 했던 소록도에서 일제 강점기 당시 집들은 거의 벽돌로 지었다. 따라서 여기는 반지하로 파서 벽돌을 구워내는 가마터였다. 벽돌 생산 와중에 뿌연 먼지, 부족한 약과 음식 그리고 벽돌 수요가 많아지자 불덩이 같은 가마를 식히지 않고 작업을 계속해 다수의 한센병 환자가 다치거나 죽어 나갔다. 지금 예수님상이 있는 곳이 그 가마터 자리다. 그 후 이곳이 음산하고 괴기해 그들의 원혼을 달래기 위해 연못을 조성해 그 위에 예수상을 세웠다고 한다.

이어 한하운 시비, 이춘상 6·20 기념비 등을 봤다. 이미 연민과 애환, 근심과 탄식의 감정이 정수리까지 차올라 두 눈은 충혈됐고, 저 빗물이 핏물이 될 것만 같은 착각에 전율하며 몸을 부르르 떨었다. 그리고 '모두가 꽃같이 아름답고 꽃같이 서러워라'는 시어로 방문객을 맞이하는 박물관을 둘러본다. 거기에는 한센병 환자들이 사용했던 은어 '몰라 3년 알아 3년 썩어 3년' '물병 깡병'과 그들이 사용했던 '저고리와 바지' '개우 밥' '개인 치료용 칼', 그리고 소록도 이야기에서는 '순바구길, 십자봉 소풍길'의 설명이 더 애절하고 기억에 남는다.

밖으로 나와 소록도 교회를 탐방한다. 소록도 병원 개원 초기 환자 중 몇 명이 섬에서 도망하다 붙잡혀 조사를 받았는데, 이들이 '우리는 기독교인인데 신앙의 자유가 없어 이 병원에서는 못 살겠다'고 하자 당시 일본인 원장이 그 말을 받아들여 1922년 10월 2일 일본 성결교회 목사인 다나카 신사부로(田中眞三郞)를 초빙해 2일간 전도 집회를 시작한 것이 처음의 소록도 교회였다.

교인들이 입에 매달고 살았던 "당신은 던져진 것이 아니라 뿌려진 것입니다." 성경 구절에서 따온 이 말은 한센병 환자들에게 구원의 힘이 되는 염송이었다. 마가복음 4장 26절 "또 가라사대 하나님의 나라는 사람이 씨를 땅에 뿌림과 같으니", 또 히브리서 10장 10절 "예수 그리스도의 몸을 단번에 드림으로 말미암아 우리가 거룩함을 얻었노라", 그리고 마태복음 4장 16절 "흑암에 앉은 백성이 큰 빛을 보았고 사망의 땅과 그늘에 앉은 자들에게 빛이 비치어 있도다 하였느니라"가 한센병 환자들을 가나안으로 인도한 성구들이었다. 말하자면 소록도는 기도의 섬이고, 힘든 육신을 이끌고 영혼의 호흡으로 하나님의 은혜를 느끼며 곰비임비 기도하는 성聖스러운 섬이었다.

썰물에 드러난 길 따라 떠난 트레킹
서해의 진주 국화도, 도지섬과 매박도

　겨울은 안개를 앞세워 부두를 점령했다. 곧 햇살이 안개를 거두겠지만 아직은 가시거리가 짧아 바다도, '그 섬에 가고 싶다'는 그 섬도 보이지 않는다. 승선 시간이 남아 당진 장고항 부두를 거닐어 본다. 어디서인지 파도 소리가 들린다.
　들국화가 지천으로 피어 국화도가 되었다는 섬은 일명 서해의 진주, 당진의 보물섬으로 꽃보다 보석으로 치장되어 널리 유포되었다. 들국화도 그렇지만 진주나 보물도 우리의 상상에서 더 사무치는 이름들이다. 시나브로 안개가 걷힌다. 마치 기다렸다는 듯이, 어부들이 어선에 오른다. 갯내 물씬 풍기는 저 바다에 애환과 먹거리가 있다. 이어 몇 척의 어선들이 통통거리며 바다로 나간다. 어부들은 바다에서 자신들의 꿈과 삶을 그물로 건져 올릴 것이나.

부두는 평화로운 풍경이다. 국화훼리호에 승선하니 언제 그랬냐는 듯 안개는 사라지고 겨울 햇살에 눈이 부시다. 빛으로 가득 찬 눈에 비치는 바다는 창세기 말씀으로 곰비임비 출렁거린다. 뭍과 섬의 거리는 불과 3㎞, 십여 분의 항해로 섬에 닿는다. 그 섬은, 역시 꽃과 보석의 대명사였다. 섬과 꽃 그리고 보석은 나에게 있어 갈망의 하모니다. 섬을 걷는 마음에 알 수 없는 무언가로 가득 찬다.

바다와 섬들이 그려놓은 몽환의 풍경
국화도는 이전에 꽃이 늦게 피고 진다고 하여 늦을 만晩 자를 써 만화도라 불렀다. 이전에 밥 짓기와 난방을 나무로 하던 시절, 국화도의 나무는 다 베어지고, 까까머리 섬이 되자 곳곳에 들국화가 지천으로 피었다. 이에 만화도를 국화도로 바꿔 부르게 되었다. 우측 언덕 덱길을 지나고 해변의 자갈길을 걸어 매박도로 간다. 물때가 맞아 매박섬으로 가는 길, 육계사주가 곡선으로 열려 있다. 아무리 걸어도 질리지 않는다. 좌우에서 밀려온 파도가 길을 내어준 모래 등에 철썩이고 있다. 매박섬은 말을 매어 놓은 형상에서 따온 이름이다.
겨울 매박도 트레킹에서 놓칠 수 없는 곳은 첫 봉우리와 두 봉우리 사이 그리고 뒤 봉우리 해변에 있는 세 개의 조가비 언덕이다. 흰 비탈진 모래 등에는 속살이 없어진 하얀 석화, 바지락, 개조개, 대수리, 고둥 껍데기 등이 온통 널려 있다. 흰 사구 같기도 하고, 눈 내린 언덕처럼 보이기도 한다.

실눈을 뜨고 다시 싸목싸목 걸어 나간다. 매박섬 북쪽 끝에는 사자바위와 파도에 깎여 수직 기둥 모양의 암석이 된 시스텍도 여럿 보인다. 국화도로 돌아 나온다. 국화도 서쪽 바닷길로 걷는다. 암석 해안에는 덱길이, 모래와 몽돌로 이뤄진 데는 해빈을 따라 걷도록 길이 나 있다. 그렇게 어슬렁어슬렁 걷는데 산 쪽으로 들국화 몇 송이 피어 있다.

해안을 따라 분포된 절벽과 기암괴석은 고생대에 형성되었다 한다. 퇴적암이 지각변동으로 변화하여 생긴 변성암들이다. 그 황화 습곡과 변성 퇴적암에는 아름다운 색감을 품은 것도 있어 혀를 끌끌 차기도 했다. 여러 색채가 영롱하게 비쳐 마치 무지개처럼 보이는 돌도 있다. 우리를 꿈에 잠기게 하는. 바다 북쪽으로 입파도가 보인다. 마치 부처가 바다에 누워있는 형상이다. 그 너머 제부도, 궁평항, 화성 방조제가 풍경화를 만든다. 그렇게 시간이 흐르고, 서쪽으로 넘어가던 해는 바다에 반사되어 하얀 광선으로 변한다.

모래 해변에는 습곡 침식의 자국을 가진 돌들이 이리저리 튀어나와 있어 눈이 피곤한 줄 몰랐다. 갈매기들이 먹이를 찾아 저공비행을 하는 해변은 직사광선 탓인지 겨울임에도 따뜻했다. 국화도에서 뻗어나간 육계사주에 도지섬이 있었다. 그 육계사주는 펄 흙이 아니고, 흙모래 자갈이 혼합되어 마냥 육지의 땅을 밟는 것 같다.

바다 건너 당진 땅에는 일출과 일몰을 다 볼 수 있는 왜목마을이 시야를 뺏는다. 왜가리의 목을 닮았다는 왜목마을, 그 해변의 백사장길. 지금도 그렇지만 한때는 젊은 연인들의 데이트 장소로 유명했던 곳, 당신이 걷는 길이 곧 사랑이라는 그 길. 해변과 건물은 질감이 아름다운 판화처럼 눈을 끈적끈적하게 한다. 우측으로 조금 떨어져 당진 화력발전소가 유난히 클로즈업된다. 그 큰 굴뚝에서 수증기 같은 하얀 연기가 끊임없이 뿜어져 나온다. 아름답지만 이상기후가 떠오르며 마음이 어두워진다. 당진 화력발전소, 그때는 어쩔 수 없었고, 지금은 애물단지가 되었으니, 이를 어쩌나. 되돌아 국화도로 나온다. 국화도 길은 포장되었지만, 해변은 만조에 의한 푸른 파도로 은은하게 빛난다.

트레킹은 끝없이 버리고 새로운 경험을 채우는 과정
우리는 아직 남아 있는 일출 선망내를 향해 가면서, 그래도 그곳에는 무슨 의미가 있는 것처럼 그 파란 하늘을 이고 있는 삼층짜리 정자에 올라선다. 큰 소나무 가지가 약간 눈을 가렸지만, 사방을 조망할 수 있어 속이 뻥 뚫리는 것 같다. 바다와 더 먼바다와 섬들, 형언할 수 없는 풍경이 감동을 준다. 가까운 갯벌에서 해루질하는 어느 여인의 정겨운 모습에 밀레의 만종이 연상된다. 전혀 상관이 없어 보이는 두 장면이 왜 자꾸 오버랩되는 것일까. 그건 말없이 활짝 핀 두 송이 들국화처럼 순수하고 그에 따른 경건한 몰입 때문이다. 저 몽환의 경치 그 너머, 더 멀리 아득한 거기에도 시베리아 겨울 들꽃을 닮은 빨간 칸나가 피고 있을까. 풍경은 너무 아름다워 한바탕 몽상의 꾸러미 같다. 하늘의 안색을 살핀다.

이제 장고항으로 돌아갈 시간이다. 선착장에는 밀물이 들어와 국화훼리호를 주억거리게 한다. 드디어 배가 출항하고, 국화도와 매박도, 도지섬이 나의 내면에서 새로운 추억을 만든다. 트레킹은 끝없이 내다 버리고 새로운 경험을 거기에 채우는 과정이다. 누구나 다 익히 알 수 있는 바다와 섬, 꽃과 나무, 그리고 풍경을 나름으로 해석하여 우리 자신 속에 숨어 있는 가능성과 연결하는 것이다.

12개의 무인도와 이어지는 낭만의 섬
꺾이지 않는 지조, 홍성 죽도

　천수만은 한결같이 아름답다. 만灣은 큰 호수처럼 육지로 둘러싸여 아늑하다. 남당항 선착장은 마치 반달처럼 휘어진 방파제 끝머리에 있다. 죽도 가는 홍주해운 배를 기다린다. 어디선가 해풍이 불어와 심호흡을 해본다. 얼마나 맑고 깨끗한지 단 물맛이다. 섬을 찾아가는 여로는 바닷바람이 전하는 말처럼 달고 꿀꺽 삼켜진다. 이윽고 배에 오른다. 하루에 다섯 번이나 오고 간다는 홍성 죽도 뱃길. 남당항에서 3.7㎞ 지점에 있는 죽도는 배로 15분 정도 걸린다.
　배는 스크루의 흰 포말을 그리며 나아간다. 저렇게 잠깐 나타났다 사라지는 하얀 물거품은 마치 흰 백합 다발처럼 피었다 진다. 언제나 그때 왔듯이 바다를 보면 내 안에 무언가가 나타난다. 그게 기억인지 추억인지 석연치 않지만, 거의 예외 없이 회상의 늪에 빠지게 된다.

나에게 있어 외부의 경험은 우연이고 끝없이 사라지는 바로 저 하얀 포말 같은 것이지만, 다만 내적 경험의 자국은 더욱더 생생하고 화려한 회상으로 나타난다. 밤하늘 별들이 바다에 내려와 놀다 해가 뜨자, 어둠의 사다리를 놓쳐 돌아가지 못하고 파도가 되어 울고 있다는 그 신화의 기억들. 고기잡이 나간 어부들이 폭풍으로 돌아오지 않자 낙담으로 생긴 마음의 상처를 어쩌지 못해 굿당에 기도하는 아녀자가 스스로 상像을 만들고 신神에 끌리어 가까이 다가가듯이. 그런 내적 회상이 부초처럼 떠오른다.

죽도 선착장은 바다를 드나드는 어부들로 분주하다. 마을회관과 어구 보관장을 지나 방파제로 간다. 왼편으로 틀어 비스듬한 오르막을 지나 숲속 길을 걷는다. 섬의 숲은 꽃술을 닮았다. 숲의 알지 못할 향기가 후각을 자극해 코가 벌름거린다. 연이어 바닷가 산책길로 들어선다.

물이 빠지면 연결되는 12개의 무인도

썰물의 물때가 섬을 트레킹의 라라랜드로 만든다. 해안은 어김없이 그 모습을 고스란히 드러내고, 올망졸망한 무인도로 가는 길은 그지없이 아름답다. 이제부터는 약 1km 정도 30분 소요되는 1코스 옹팡섬 대나무 숲길이다. 들어가는 길목에는 대나무 숲이 울창하여 멍하게 걸었지만 나아갈수록 대숲은 듬성듬성해지고 그 사이로 바다가 보이인다. 드디어 '죽도의 얼굴'이라는 글씨를 명찰처럼 달고 있는 제1 조망 쉼터에 오른다. 물때에 따라 무인도와 이어지는 바닷길을 한눈에 볼 수 있다. 여기서 보는 작은 섬 죽도는 코발트빛으로 물든 보석같이 영롱하다. 죽도는 홍성군의 단 하나 유인도로 섬에 대나무가 많이 자생해 죽도라 부른다. 그리고 아기자기한 12개의 무인도가 서로 달라붙어 있으며, 물이 빠지면 걸어서 돌아볼 수 있다. 자연과 낭만이 그대로 보존된 천혜의 섬이다.

제1 조망 쉼터는 홍성이 낳은 인물 한용운 조망 쉼터로 부르기도 한다. 한용운은 일제 강점기 시대에 승려였고 독립운동가였으며, 만해卍海라는 호를 가진 민족시인이었다. 평소 곡차(막걸리)를 좋아했고, 입이 매우 거친 괴짜 스님으로 유명했다. 이런 성품의 그가 시詩에서는 여성적인 시어 詩語로 한 시대를 풍미한 걸작 시를 많이 남겼다. 그의 대표작「님의 침묵」은 우리 모두의 '님'이 되었고 '침묵'이 되었다.

조망 쉼터를 내려온다. 죽도 둘레길은 꽃이 없음에도 온통 꽃길이었다. 죽도가 한 송이 큰 꽃이었으므로. 눈에 착착 달라붙는 길가에 솟대가 보이고, 풍력발전기 바람개비도 보인다. 넌 옛날 고조선 시대부터 내려왔다는 솟대는 우리나라 전통 민속신앙이다. 긴 장대 꼭대기 세 갈래로 된 나무 위에 세 마리 나무 새가 앉아 있다. 솟대는 나쁜 귀신과 병으로부터 마을을 지키고 홍수·가뭄을 물리쳐 풍년을 가져다준다고 여겼다. 저 나무 새는 허공을 날지 못하지만, 바람이 날개를 달아주어 하늘로 날아오르면 저 멀리 높은 곳까지 날 수 있겠다는, 섬사람의 가뭇없는 상상의 세계에서 사는 새다.

바다를 낀 오솔길을 걷는다. 입술을 오므려 새소리를 내어본다. 서부 해안로 지나 담깨비 둘레길에 진입한다. 초입은 역시 대숲길이다. 외벽 조형물을 보고 또 다른 해안 탐방로를 거쳐 제3 담깨비 조망 쉼터에 오른다. 일명 '죽도의 흔적' 글씨를 등에 걸고 있는 백야 김좌진 장군 조망대. 만주벌의 호랑이였던 김좌진 장군은 안동 김씨 수북공파 10세손으로 문인 집안이자 홍성 갈산지역 부호 출신이었지만 청소년 시절부터 가노 해방, 토지 재산 분배, 호명 학교 설립 등 민족 계몽과 항일 독립운동에 힘썼다. 특히 1910년대 무장 독립투쟁에 전념하여 독립군 양성에 심혈을 기울였고, 1920년 청산리 대첩으로 독립운동사에 최고의 업적을 남기기도 했다. 여기서 조망하는 큰달섬, 작은달섬 등 무인도는 눈에 스며들어 넋을 빼앗는 풍경이다.

이제 동부 해안로를 지나 대나무 숲 탐방로를 걷는다. 그러다가 제2 동바지 조망 쉼터에 오른다. 일명 최영 장군 조망대. 여기는 하얀 등대가 있는 포구로 잔잔한 바다와 안면도까지 볼 수 있다. 대나무 숲속에는 샐러리도 있어

'죽도 갤러리'라 쓴 글씨가 눈길을 끈다. 여기는 유난히 대나무가 더 많다. 대나무는 표면과 속의 자라는 속도가 달라 속이 비어 있다 한다. 속이 텅 비어 있으므로 강풍에도 부러지지 않는다. 이 꺾이지 않는 특성은 지조를 뜻하며 매화, 난초, 국화와 함께 사군자로 평가받는다.

섬 전체가 하나의 공원
통영 장사도

바다를 여는 바람이 뼛속까지 불어온다. 근포를 떠나 장사도로 가는 뱃길은 바람의 길이었다. 닿을 수 없는 허공에서 방향타를 잡는 바람. 다소 롤링이 있고 그때마다 몸이 틀어지며 속이 울렁거린다. 유람선은 불과 15분 항해해 장사도에 도착한다. 내리자마자 보이는 장사도 해상공원 까멜리아. 섬의 첫길은 가팔막지다. 중앙광장까지 땀나는 오르막이다.

동백 자생지에 다양한 식물

섬은 사실 뱀하고는 다른 생김이고 환경도 식물의 에덴이다. 섬은 누에를 무척 닮았다. 이에 걸맞게 섬은 실크로드를 연상하는 꿈과 상상 끝머리에 떠 있다. 그러나 길을 걷는 현실은 영 딴판이다. 10만여 그루 동백나무, 후박나무, 구실잣밤나무와 천연기념물 팔색조, 동박새, 풍란은 장사도를 명승으로, 꼭 다녀와야 할 남해의 신기루 같은 섬으로 만들었다.

한 칸짜리 장사도 옛 분교에 들른다. 손바닥만 한 운동장에서 창문으로 교실 안을 엿본다. 마음 어느 구석에 잠들었던 그리운 것이, 새 숨결로 살아나는 추억. '학교 종이 땡땡 친다, 어서 모이자. 선생님이 우리를 기다리신다.' 밝고 경쾌한 풍금 멜로디 그 동요 속 어딘가에서 숱한 무언가가 떠오른다. 특히 강냉이 빵 타러 급식소 가던 남산초등 4학년 오월의 어느 날이 유난히 낮별처럼 정수리에서 반짝인다. 그땐 먹을 게 없어 무던히도 배고팠던 시절이었다.

연이어 빨간 무지개다리를 건넌다. 양 끝은 처지고 가운데가 무지개처럼 휘어진 다리. 선녀들이 하늘에서 땅으로 내려올 때 타고 왔다고 전해진다. 천국과 지상을 이어주는 이 다리는 〈따뜻한 말 한마디〉의 촬영장소이기도 하다.

다리 아래에 필름 프로미네이드film promenade 장사도 소개가 있다. 장사도 해상공원. 해발 108m, 폭 400m, 길이 1.9km 무인도다. 긴 섬의 형상이 누에를 닮아 누에 잠蠶에 실 사絲를 써서, 누에섬 '잠사도'라 불렀고, 누에의 경상도 방언인 '늬비'를 써서 '늬비섬'이라고 예부터 불리었다. 그러나 일제 강점기 섬 이름을 등록할 때 누에 잠蠶이 어렵다고 길 장長을 붙이는 바람에 장사도長蛇島가 됐다는 말이 전해진다. 과거에는 14채 민가와 83명의 주민이 살았었고 장사도 분교와 작은 교회가 있었다.

건축물은 수목이 없는 빈 공지에 지었으며, 돌담은 섬의 자연석을 이용하였고, 옛길을 복원하고 지형지물을 그대로 보존하고 천연자연이 살아있는 친환경 해상공원이다. 그리고 달팽이 승리 다도 전망대를 거친다. 지금까지 경험하지 못한 파란 투명색 바다 조망이다.

반달을 본뜬 온실에 들어서자, 훅 끼쳐 오는 나무 향기 꽃향기가 가슴까지 스며 아름다운 모닥불로 피어난다. 다양한 식물군과 꽃나무가 정말 장관이다. 일 년 내내 꽃이 피고 지는 온실. 다육 양치 식물관이 있다. 온실은 무가온 즉, 난방을 하지 않는 온실이다.

부근 섬 아기집으로 간다. 예전 주민이 살던 집을 복원해 놓았다. 가물가물한 기억으로 〈섬집아기〉를 허밍해 본다. 어릴 적 한때 나를 사로잡았던 이 노래는 아직도 귓전에 맴돌고 있어 어찌할 줄을 모르겠다. 정말 그림자 같은 추억이다. 다시는 그 시절로 돌아갈 수 없다. 우주의 법이다. 나를 둘러싸고 있는 이 모든 것들, 슬픔, 연민, 사랑이 깜박이는 추억의 네온사인, 모두가 흐르는 시간 속으로 어느덧 사라져 가겠지만. 소멸하므로 아름다움을 남기는 과거의 감정을 추스를 수 없어, 왠지 눈자위가 사욱해진다.

드라마 촬영지로 주목받는 섬

이제 동백 터널길로 들어선다. SBS 드라마 〈별에서 온 그대〉 촬영지다. 이 드라마는 400년 전 조선 시대 지구에 불시착한 외계인 도민준의 이야기로 시작된다. 단순한 로맨틱 코미디를 건너뛰는 판타지와 스릴러 요소가 배합되고, 한류 톱스타 천송이와 도민준 두 배우의 섬세한 감정 연기는 많은 이들의 심금을 울렸다. 특히 도민준의 초능력을 이용한 여러 가지 에피소드와 내면의 외로움과 상처가 있음에도 천송이가 발산하는 인간적인 매력은 신선하고 흥미로웠으며, 많은 여성 시청자들의 공감과 몰입감을 얻었다. 현실의 어려움에도 한 줄기 빛을 보는 듯 희망이 생기고, 마음이 따뜻해지는 풍성한 사랑 이야기를 이 드라마는 제공했다.

그리고 〈함부로 애틋하게〉 촬영지인 장사도. 만족할 줄 모르는 내 마음에 감사함을 채워주고 현실을 사랑하게 하는 꿈의 섬. 새소리를 실어 오는 바닷바람이 어머니의 음성, 모음으로 구른다. 섬 한가운데는 큰 바위 얼굴을 떠오르게 하는 12개의 거대 브론즈 두상이 있다. 이전 고구마 밭에 조성한 1,000석 규모의 야외 공연장이다. 책, 별자리, 쓰레기, 건축물, 성, 종교를 소재로 한 김정명 작가의 작품들이다. 마치 로마 원로원을 닮은 얼굴은 장사도와는 한참 빗나간 조각품으로 보인다. 나의 미적 감각이 무뎌

서 그럴까.

이어 섬의 자그마한 교회로 간다. 지붕 아래 십자가가 있다. 이토록 작은 개척 교회는 처음이다. 당시 장사도 분교에 부임하신 옥미조 선생님에 의해 1973년 5월에 건물을 완성하고 첫 입당 예배를 드렸다. 섬에는 14가구 83명이 거주했는데 그중 70여 명이 교회를 다녔다. 1990년 이후 주민이 하나둘 떠나고 허물어진 교회를 2013년 신축 복원하였다. 당시 사용한 교회 종은 화단 한편에 보관 중이다. 하느님을 섬기는 아동 문학가이자 초등 교사였던 옥미조 선생님. 그의 음성과 교회 종소리를 다시 들을 수 있을까.

누비 하우스와 한려 해상 풍경

누비 하우스 스낵 식당으로 간다. 멍게를 젓갈로 만들어 비비는 멍게 비빔밥과 성게미역국은 바다 내음을 한껏 만끽하는 별미였다. 밥 따로 국 따로 꿀떡꿀떡 넘어간다. 이름은 대구 원조, 장사도식 따로국밥이다. 그 옆 미인도 전망대에 선다. 바다는 먹 오딧빛 절경이며, 죽도, 미인도, 소적도 등 많은 섬이 파노라마 풍경이다. 상록 활엽수들의 빽빽한 원시림이 섬을 덮고 있다.

장사도는 여느 섬과 달라 곧고 길쭉해 등줄기 전체가 수려한 해상공원을 조망하는 전망대와 다름없다. 한 번씩 서

센 바람이 불면 나뭇잎이 밀려와 초록의 환시로 물결친다. 시간은 후딱 지나간다. 벌써 섬 체류 두 시간에 가깝다. 출구 선착장으로 내려가 배에 탄다. 기암괴석이 즐비한 해안에 머룻빛 파도가 밀려와 하얗게 흩뿌려질 때마다 동백꽃이 서러운 듯 뚝뚝 떨어지는 장사도. 아무것도 하지 않고 그저 걷고 바라만 보아도 그 풍경 속으로 스며드는 여행의 머릿돌이 되는 섬. 그 깊은 감동이 걸음마다 이어오는 데도 불구하고 갈매기의 전송도 없이 배는 훌쩍 선착장을 떠난다.

2부

바람이 흔드는 숲

하늘 아래 첫 마을
강릉 노추산과 안반데기

세월교를 건넌다. 다리 저쪽은 인문학의 성지聖地 노추산魯鄒山 들머리다. 여기도 가을 단풍의 데자뷔다. 형형색색의 단풍이 황홀하다. 금강송과 단풍나무가 즐비한 감탄의 돌탑길이다. 구도장원비九度壯元碑가 나온다. 이 비석은 조선 선조 때 아홉 번이나 장원급제한 율곡 이이가 노추산에서 학문을 닦으며 쓴 글을 새긴 돌이다. 이 비문을 보면 관운이 있다 하여 많은 유생이 이곳을 다녀갔다고 한다. 그의 「산중山中」이란 시가 불현듯 떠오른다.

  採藥忽迷路 약초를 캐다가 문득 길을 잃었는데
  千峰秋葉裏 온 산이 단풍으로 물들었네
  山僧汲水歸 산승은 물 길어 돌아가고
  林末茶烟起 숲 끝에 차 다리는 연기가 피어나네

가을산과 약초 산승이 모티브를 이룬 명시다. 노추산은 신라의 대유학자 설총과 조선조 이이 선생이 입산 수학한 곳이다. 유학의 아이콘은 공자와 맹자다. 소위 공자 왈 맹자 왈 하던 학문의 오마주인 두 분의 모국, 공자의 노나라, 맹자의 추나라 국명을 따 노추산魯鄒山이 되었다.

단풍 곱게 내려앉은 3천 개의 탑

산명山名이 그윽하다. 노추산에는 설총과 이이의 위패를 모신 이성대가 있다. 지나가는 여행객과 대기리 주민이 쌓은 돌탑 길을 걷는다. 숲에 가려 숨었던 송천이 보인다. 어디서 산새가 곱게 흘겨 운다. 물은 왈왈 글 읽는 소리로 흐른다. 여울 빠른 물살에 떨어져 흘러가는 단풍. 시간의 물살에 떠밀려 지나가는 나의 인생. 앞에 목교가 보이고 여기부터 차순옥 할머니가 쌓은 돌탑이 이어진다. 돌의 숫자와 이름은 차순옥 할머니가 기도하며 쓴 것이다.

차 할머니는 강릉으로 시집와 슬하에 4남매를 두고 지냈으나 언제부턴가 집안에 우환이 끊이지 않았다. 그러던 어느 날 밤, 흰 수염의 산신령이 나타나 노추산 계곡에 3천 개의 돌탑을 쌓으면 우환이 없어진다고 말하는 신비한 꿈을 꾸었다. 노추산에 돌탑을 쌓을 장소를 찾던 중, 율곡 이이의 학문이 서려 있는 이곳에 1986년부터 돌탑을 쌓았다. 오로지 기도하는 마음으로, 간절힌 내속의 돌을 캐다가,

뼛속까지 울리는 그 돌의 종소리를 들으며. 그렇게 2011년 9월 향년 66세로 타계할 때까지 26년간 3천 개의 돌탑을 애면글면 쌓았다.

계곡가 양쪽으로 균형 잡힌 돌탑이 아름답게 서 있다. 단 한 사람의 힘으로 그것도 할머니가 어떻게 그것이 가능했는지, 그분의 염원 기원이 서려 있는, 믿기 어려운 감동의 돌탑군을 지나면 걸음마다 경이로움으로 가득 찬다. 만산홍엽에 꿈을 꾸는 돌탑이 나를 초혼한다. 그 시간 숲에서 단풍멀미를 한다. 어느 시대를 막론하고 사람들은 늘 기도를 하였다. 돌을 향한 기도는 영원을 향한 기도다. 차할머니의 돌탑은 하늘을 오르고, 무수한 별이 되어 반짝이다가, 새벽녘이면 장독대 정화수에 내려와 어머니의 비손으로 이어져 새로운 기도가 된다.

그분이 돌탑을 쌓을 때 묵었던 움막에 도착한다. 여느 돌탑군보다 더 큰 신비의 돌탑군 공간에 움막이 있다. 움막은 얼마나 협소한지 한 사람이 겨우 누울 만한 크기다. 차순옥 할머니를 기린다. 가족의 무사편안을 기원하던 지극한 정성과 열정이 기적을 만든 곳. 여기서 가장 아름다운 단풍을 만난다. 한 바퀴 돌아 나간다. 목교까지 와서 왔던 길을 되돌아 나간다. 송천이 보인다. 송천 1급수 물에 산다는 산천어, 열목어, 버들치, 갈겨니, 금강모치, 은어, 쉬리, 퉁가리 이름을 중얼거려 본다. 그 아름답고 맑은 눈의 물고기들이 돌탑으로 모였다가, 차순옥 할머니가 계신 하늘나라까지 곰비임비 헤엄쳐 가면 좋겠다.

바람의 땅 안반데기

노추산 돌탑길의 감동을 간직한 채 인근 왕산 안반데기 운유촌 마을에 도착한다. 구름 위의 땅 안반데기, 하늘과 맞닿아 하늘의 마을이 된 운유촌, 구름 위를 거니는 트레킹의 출발 장소다. 해발 1,100m이며 국내에서 주민이 거주하는 가장 높은 지대다. 여기에 약 60만 평의 고랭지 채소밭에 28 농가가 살고 있다. 게다가 수십 기 풍력발전기가 쉭쉭 깊은 날숨을 토해내는 경관은 벅찬 아름다움으로 황홀하다.

안반데기는 떡메로 떡쌀을 칠 때 쓰는 '안반' 처럼 생긴 '덕' (산 위에 형성된 평평한 구릉지대·둔덕)이라는 뜻이 담겨있다. '안반덕' 의 강릉 사투리로, '안반덕이' 라고도 불린다. 한국전쟁 후 미국의 원조 양곡을 지원받아 개간이 시작되어 1965년을 전후하여 마을이 개척되었다. 1995년 주민들이 개간된 농지를 불하받으면서 완전히 정착하였다.

고갯길 피득령에 올라 먼저 멍에 전망대로 간다. 가을하늘에 둥실 떠 있는 눈부신 흰 구름, 탁 트인 조망, 끊임없이 불어오는 바람, 별천지 같은 풍광에 거듭 감탄한다. 바로 가면 고루포기산으로 가는 길에서 우측으로 걸이 멍에 진망대에 오른다. 일망무제, 대관령 쪽으로 산의 파노라마가 물결치고 그 아련한 산 그림자 가뭇없이 하늘로 흘러간다. 멀리 강릉시가지가 보인다. 세찬 바람이 이어져 여기가 바람의 나라임을 안다. 옥녀봉 방향에도 산비탈 채소밭이 장엄한 풍경화다.

안반데기의 또 하나 브랜드인 거대한 풍력발전기가 장관을 이룬다. 우두둑우두둑 들려오는 풍력발전기 회전소리에 소름이 돋는다. 내면의 깊은 우물에서 무언가가 올라와 꺽꺽 울대에 걸린다. 미움도 사랑도 아닌 것, 그 알 수 없는 신비한 감정으로 얼굴이 경련으로 파닥인다. 걸어온 길을 돌아가 피득령에서 옥녀봉으로 걷는다. 바람은 여전히 세차다. 파블로 네루다의 시집 『질문의 책』에 있는 시를 읊어본다. "나였던 그 아이 어디에 있을까? 아직 내 안에 있을까. 아니면 사라졌을까?"

우리에게는 천진난만하고 호기심에 눈 반짝이던 '어린 시절의 나'가 있다. 일출 전망대에 도착하기까지, 나는 내 안에 항상 남아있던 그 아이를 점자처럼 더듬어 보고, 현실과 환상 속에 찾아온 가을의 안반데기, 그 천진난만한 비경에 연거푸 찬탄사를 뱉는다. 일출이 눈부신 고랭지 채소밭의 하늘 전망대, 지금은 희미한 낮별과 반달도 보인다. 그러나 밤이 오면 이곳은 별과 은하수의 촬영지로 둔갑한다. 별이, 온 세상의 별이 마치 다 있는 것 같은, 우리

나라에서 가장 많은 별을 볼 수 있는 곳, 바로 별과 은하수 촬영의 포인트다. 안반데기 밤하늘의 별과 은하수 촬영은 사진작가들에게 가장 인기 있는 출사지로 손꼽히고 있다.

낮과 밤의 거대한 우주 전망대

 일출 전망대와 풍력발전기 밑을 지나서 경사길로 내려간다. 우주를 걷는 기분이다. 벤치쉼터에서 숨을 고른다. 천상의 트레킹 오브제, 이 말이 적정하다. 정자쉼터에서 한 번 더 쉬고 피득령으로 회귀한다. 바람의 시간 바람의 땅 안반데기, 하늘과 낮별 낮달의 우주공간, 감동의 파노라마가 허공으로 끝없이 흘러가던 트레킹. 주민들의 바튼 삶과 억척이 일군 채소밭. 산그리메가 실루엣을 그리는 몽환의 강릉 바우길 17구간, 그 아찔한 트레킹은 그렇게 종료되었다. 어둠이 급히 내려온 귀갓길에 별과 은하수를 본다. 저 별이 빛나는 밤에 나는 고흐의 인상파 그림으로 안반데기를 호출한다. 우리는 별이 되고 은하수가 될 수 없을까. 영적 에너지가 정말 될 수 없을까. 참 그로데스크한 밤이다. 다음 날이 오면 또 다른 트레킹 로드를 찾아가는 '자 떠나자'라는 환호를 나의 내면에서 듣게 될 것이다.

고요한 산속 세 채의 절집
지리산 대원사를 찾아서

지구 온난화가 심각하다. 빨라지는 기후변화와 비인간화, 불안한 삶의 깊은 회의와 허무감. 그럼에도 우리는 걸을 수밖에 없다. 대부분 병은 걷기만 해도 낫는다. 걷기는 신이 내린 명약名藥이다. 에멜무지로(헛일 삼아) 한번 걸어보라. 나는 배낭을 지고 힐 워킹hill walking을 떠난다. 영산靈山 지리산 동쪽, 이곳은 아직 생태계가 살아있다. 숲은 밀림이다. 계곡의 물은 투명하다. 지리산 등산로 들머리인 대원사 계곡. 사시사철 흐르는 계류에 씻긴 바위들이 형형색색 아름답다. 들려오는 물소리, 울창한 숲이 퉁기는 바람 소리, 산새 우짖는 소리가 하모니를 이룬다.

청정한 숲과 계곡
일주문을 지나자 대원사가 성큼 다가온다. 대원사를 둘

러싼 지형이 마치 연꽃처럼 아름답다. 절 입구인 봉상루를 지난다. 방장산 대원사란 편액이 걸려있다. 방장산은 중국의 전설에 나오는 신성한 삼산三山, 봉래산·방장산·영주산 중의 하나다. 진시황이 불로초를 구하러 점찍었던 산이기도 하다. 금강산은 봉래산, 지리산은 방장산, 한라산은 영주산의 메타포다. 편액이 왜 방장산 대원사인지 수긍이 간다. 불전 사물인 우측 범종각을 살핀다. 여느 절의 주련과 사뭇 다르다.

    법계무비해탈문 (법계는 해탈문이 아닌 곳이 없다)
    종성경세만건공 (세상을 꾸짖고 나무라는 종소리 세상에 가
                  득하네)
    운백월명신내영 (구름 희고 달 밝음은 몸속의 그림자요)
    산청수벽경중혼 (산 푸르고 물 맑음은 거울 속의 혼적일세)
    천개지벽오경중 (하늘 땅 열림은 오경 중에 열리나니)
    백잡종용성자공 (밖에서 백 번 돌며 나를 찾아도 자성은 내
                  안의 공이었구나)

불교는 참나를 자신의 마음에서 찾는 것이다. 그래서 심즉불心卽佛, 마음이 부처라고 하는 것이다. 법계는 우주이고, 코스모스(질서)다. 이 우주질서를 쫓아가면 부처가 된다는 뜻이나.

길을 틀어 계단을 오른다. 외인출입금지이나 다층석탑 탐방을 위해 사찰 측에 양해를 얻었다. 절 마당에 붉은색을 은은히 풍기며 서 있는 탑은 신비하고 아름다워 마음에 기쁨이 분수처럼 터졌다. 우리 곁에 온 부처 성철 스님이 출가 전 신병을 치유하기 위해 대원사에 와서 이 탑전에서 기도 정진하여 크게 깨달음을 얻었다고 한다.

우주는 온통 대자유인데 삼독심貪瞋痴(탐욕 분노 어리석음)의 밧줄로 내가 나를 꽁꽁 묶어버린다. 자승자박이니 얼마나 괴롭겠는가. 모든 고통과 불행의 원인인 '자기 자신' 이라는 감옥에서 벗어나는 것이 대자유로 가는 첫걸음(깨달음)이다. 욕망에 집착해 고통이 생기면 깨달음으로 고통을 없애는 것이 불교다.

그때 구름을 벗고 햇빛이 내려와 다층탑은 꽃처럼 눈부신 아름다움으로 다시 활짝 핀다. 저 탑이 뿜어대는 기氣의 파동이 나를 통과하면서 마침내 실존의 허구인 자아를 벗어던지게 한다. 이 순간 기쁨과 환희로 몸을 떨면서 내 자신이 저 탑과 하나가 되는 내적 변화를 경험했다. 저 탑은 단순하고 심오한 그 무엇으로 나에게 끝없는 메시지를 던졌다. 나는 경험주의자다. 간혹 이렇게 불가사의한 경험을 하면 우주의 숨결이 흐르는 내 자신의 호흡에서 그 부질없는 욕망을 홀홀 날려 버린다. 이 시간은 생명의 본질로부터 멀어져 있던 자신을 다시 찾아 삶에 변화와 가치를 주입하게 하는 것이다.

마음이 맑아야만 보이는 탑 속 사리

보물 제112호인 이 탑은 신라 선덕여왕 15년 자장율사가 부처님의 사리를 봉안하기 위해 건립하였다고 전한다. 전체적인 체감비율이 뛰어나고 조각은 소박하다. 나라에 경사가 있을 때 탑에서 서광이 비치고 향기가 경내에 가득 찬다고 한다. 마음이 맑은 사람은 근처 연못에 비친 탑의 그림자에서 탑 안의 사리를 볼 수 있다고 한다. 신비한 탑을 보며 내적 해방감과 희열을 마음껏 느낄 수 있었다.

대웅은 석가모니를 뜻한다. 대웅은 가장 위대한 포기자였다. 왕의 지위도, 인도 최고 미인인 왕비도, 귀엽고 사랑스러운 아들도 모두 포기하였다. 호화찬란한 궁중을 버리고 당시 수도의 길인 유리걸식을 하였다. 석가모니는 마침내 대오각성하고 부처가 되었다. 석가모니는 석가족의 깨달은 사람이란 말이다. 석가모니는 왕의 자리와 부귀공명을 다 버리고서 대웅(큰 영웅)이 되셨다. 예수 그리스도도 이스라엘의 왕을 포기함으로 왕중왕이 되셨다.

양쪽에 문수 보현보살이 협시하고 있다. 대웅은 법왕이다. 주련을 살펴보자. 거룩하고 위대한 법왕은 짧지도 길지도 않으며 아울러 희거나 검지도 않으며 모든 곳에 인연따라 정 황으로 나타나시기도 한다. 바로 옆 원봉보전의 주련은 어떠한가. 한 떨기 붉은 연꽃이 허공의 바다에 핀 것처럼 아름답다. 마치 푸른 파도 깊은 곳에 나타나서 깨달음을 주는 그 연꽃처럼. 지난밤 보타 낙가산에 계시던 보살님이 오늘 대원사에 나타나 자비의 빛을 던지신다. 옆의 천광전 주련으로.

이 절집의 풍경을 노래해 보자. 산속 절집의 고요한 밤, 말없이 앉았으니. 고요하고 고요하여 본래의 자연인데. 무슨 일로 바람은 저 숲을 흔들고. 긴 하늘 외기러기 슬피 울며 가는가. 이 세 채의 절집은 가지런히 놓인 목탁처럼 나에게 끝없는 울림을 주었다. 목에서 무언가 뜨거운 것이 올라왔다.

절집 뒤쪽 돌계단으로 올라 산왕각에 들른다. 여기서는 대원사 전체의 풍경이 손에 잡힐 듯 보인다. 절집은 산세와 균형을 이루어 아늑하다. 양편으로 휘감아 두른 산맥과 그 위쪽의 하늘이 정말 절경이다. 희미한 낮별이 보이기도 한다. 별의 순간이 온 걸까. 황홀한 경치에 넋을 잃는다. 이렇게 시간 밖에 서서 몰입하자 자신이 저절로 저 허공으로 스며드는 것 같다. 산왕은 어린이와 젊은이들에게 큰 복을 내려주신다고 한다. 그들은 우리의 미래다. 잠시 기도를 한다. 대원사는 이렇게 산왕각에서 보는 절의 후면과 자연경관이 아름답기로 소문나 있다.

고승들이 사리를 모셔둔 부도탑은 그 자체가 신비다. 갑

자기 메멘토 모리Memento mori(당신도 죽는다는 것을 기억하라)가 불쑥 떠올랐다. 고대 로마에선 개선장군이 시가행진을 할 때 노예를 시켜 '메멘토 모리'를 외치게 했다. 권력은 잠깐이니 교만하지 말라는 메시지를 전하기 위해서다. 어디 권력뿐인가. 인생도 잠깐이다. 비록 고승이라도 사리로 돌아가 저렇게 부도탑에서 영면하는 것이다.

절집을 나선다. 지난 7월 22일 오전에 입적하신 송월주 스님의 임종게(입적하기 전 남기는 깨달음의 말씀)가 귀를 후벼 판다. '하늘과 땅이 크게 비어 있으니, 일체가 또한 부처이구나. 오직 내가 살아왔던 모든 생애가, 바로 임종게가 아닌가'였다.

그 임종의 시詩를 반복하면서 절 앞 출렁다리를 건넌다. 이제부터는 지방문화재 114호로 지정된 대원사 계곡에 또 한 번 풍덩 빠지는 것이다. 여기서 유평마을까지 걷는다. 과연 산은 산이고 물은 물이다. 산청군은 산고수청山高水淸이다. 산이 높고 물이 맑은 이곳은 걸맞게 전설을 간직한 명소名所 또한 많다. 용이 100년간 살다가 하늘로 올라갔다는 용소, 가락국 마지막 구형왕이 와서 소와 말의 먹이를 먹였다고 하는 소막골, 왕이 넘었다는 왕산, 망을 보았다는 망덕재, 군량을 저장했다는 도장 굴 등의 옛 지명이 현재까지 전해지고 있다. 이러한 전설의 속살을 다 맛보지 못했지만, 대원사 계곡 트레킹에서 사바세계에 찌든 몸과 마음을 한껏 씻어 낼 수 있었다. 욕망에 눈멀면 가슴속 사랑을 보지 못하지. 욕망을 지워주는 대자연의 자비심, 승속을 차별하지 않고 사람들에게 깨달음의 경전이 되는 대원사 계곡. 대웅전 외벽 열 마리 소(십우도)가 걸어 나와 돌아가는 길을 안내한다.

경이로운 동굴법당
의령 봉황대 일붕사

의령은 걸출한 인물을 배출한 고장이다. 세 분만 호명해 보면 임란의 곽재우 홍의장군, 일제 강점기 독립투사 백산 안희제 선생, 삼성의 창업주 호암 이병철 회장이다. 이에 버금해 의령에는 명소와 비경이 많고 그중 으뜸은 봉황산과 일붕사다. 신라 시대 왕이 머물렀다고 궁류면이라 부르는 이곳 봉황산은 기기묘묘한 기암괴석이 눈을 화등잔만 하게 한다. 일찍이 하늘의 신선이 봉황을 타고 내려와 약수를 마셨다는 봉황대를 서슴없이 오른다. 마치 금강산을 옮겨놓은 듯 깎아지른 수려한 바위 군이 갖가지 형상을 만들고 그중 맑은 정기가 공간을 메우는 봉황대는 정말 절경이다.

봉황의 머리를 닮았다는 봉황암, 석문, 사무천 등 명소를 둘러본다. 천태만상의 바위가 꿈들꿈들한다. 갑자기 속세를 떠나 선경에 온 것 같은 탈속의 감정을 느낀다. 게다가 맑은 폭포수가 하얀 물보라를 일으키며 떨어지는 풍경도 아름답고 경이롭다. 잠시 현실을 떠나 신선들이 노닐었다는 무릉도원의 상상 여행을 한다. 한번 탄생하면 우주 어느 곳에서든 영원히 존재한다는 햇빛이 눈에 부서질 때 나는 어마지두 정신이 들어 단아하게 쌓은 돌탑군을 지나 일붕사 경내로 들어간다.

동양 최대 규모인 대웅전

먼저 일붕사의 독특한 대웅전大雄殿인 제1동굴법당으로 간다. 제1동굴법당인 대웅전은 7년간의 굴착 끝에 1996년에 준공, 넓이가 455㎡에 이르고 높이가 8.5m, 12.7m, 길이 27.5m인 동양 최대의 동굴법당이며 영국 기네스북에 등재돼 있다. 대한불교 일붕 법왕종 총본산인 일붕사의 대웅전으로 손색이 없는 규모와 신비감으로 마음이 어뜩하다. 노사나불 비로자나불 석가모니불과 좌우에 8대 보살이 모셔져 있다. 영원히 부서지지 않는다는 금강지권을 한 비로자나불에게 세 번 절한다. 하얀 돌로 조각한 비로자나불은 동굴의 조명을 받아 신비하고 경이롭다. 비로자나불은 법신불法身佛로 법法의 몸身에서 나오는 빛이 세상을 두루 비춰 가득하다는 뜻이다.

법의 몸은 형상이 없다. 허공과 같이 끝없이 크고 넓어서 어느 곳에서나 두루 가득 차 있다. 그러나 때와 장소, 사람에 따라 항상 변하여 그 모습을 드러낸다. 미혹에 묶여 있는 사람의 눈에는 보이지 않지만 마음을 한곳에 모으고 맑은 믿음으로 의심하지 않으면 어디서든지 비로자나불을 만날 수 있다. 비로자나불은 현재 지금의 부처다. 비로자나불이 되는 초벌수행이 보살행이다. 보살菩薩(bodhisattva)은 깨달은 중생이다. 보살에게는 중생을 구제하겠다는 서원誓願과 자기가 쌓은 선근공덕善根功德을 남을 위해 돌리는 것, 즉 회향回向이 있어야 한다. 나의 모든 행동이 너에게 이익이 되게 한다. 나의 몸 입 뜻이 너의 밥이 되고 피가 되고, 생명이 된다.

이런 자리이타自利利他의 실행을 위해 대웅전 동굴법당에 비로자나불을 모시고 있는 것이다. 일붕사는 보살행의 서원을 세워 성실한 학생에게 장학금을 후원하고 일붕 효누리 요양원과 실버타운을 운영해 중생들의 고통을 덜어주고 없애주고 있다. 말하자면 복지 사업을 통하여 보살행을 실천하는 것이다.

이어서 제2동굴법당인 297㎡의 무량수전無量壽殿으로 들어간다. 무량수전은 아미타불을 모신 곳이다. 아미타불은 나무아미타불이고 나무南無는 귀명歸命 즉 나의 생명의 본질로 돌아간다. 아미타불은 무량한 생명(無量壽)을 가진 부처님이다. 나의 생명의 본질로 돌아가게 하는 무량한 수명

(無量壽)을 가진 부처님이 나무아미타불南無阿彌陀佛이다. 우리를 참 인간으로 회복시켜 주는 부처님이시다. 세 번 절한다.

밖으로 나와 일붕사를 창건한 일붕 대선사 동상 앞에 선다. 일붕 서경보 대선사는 1914년 제주도 서귀포에서 출생, 19세인 1932년 제주 산방굴사로 출가한 혜월 스님을 은사로 득도한 후 1969년 미국 템플대에서 철학박사 학위를 취득했으며 동국대 불교대학장을 역임했다. 세계 각국 유명대학에서 박사학위를 무려 126개 취득, 세계 최대 박사학위 보유자가 되기도 했다. 1988년 승적을 둔 조계종에서 분리, 일붕 선교종을 창종해 초대 종정이 되셨다. 1992년에는 세계불교 법왕청을 설립, 초대 법왕의 자리에 오르셨다. 그리고 한국불교를 세계에 전파하다가 1996년 6월 25일 세수 83세 법랍 64세로 조용히 열반에 드셨다.

몸과 뜻 바로 세워 말하면 그것이 보살

이제 조사전에 간다. 깨달으면 내가 부처이고 부처가 바로 나다. 부처와 보살은 저 멀리 산 넘어 있는 것이 아니고 여기 내 마음에 있다. 일붕 대선사는 "입살이 보살이다"라고 자주 말씀하셨다. 몸과 뜻을 바로 세워 말하면 말하는 대로 보살이 된다는 것이다. 참으로 쉽게 보살도에 다가가는 법어다. 경내를 더 탐방하다가 석조 포대 화상을 만난다. 포대화상은 중국 당나라 말기의 고승이다. 법명이 계차이고 별호가 포대 화상이다. 포대는 자루다. 즉 지팡이에 자루를 메고 이 마을 저 마을 다니면서 탁발한 것을 어려운 사람에게 나누어 주기를 좋아해서 붙은 별명이다.

포대화상이 크게 웃을 때 그 웃음 따라 같이 웃으면 부귀, 무병, 장수의 세 가지 복이 생긴다고 한다. 웃음은 깨달은 자의 얼굴이고 복을 불러오는 아이콘이다. 우리도 이런 보시의 포대 하나 장만해서 살아가면 좋지 않을까. 경내의 산신각, 칠성각, 약사전을 탐방하고 느린 걸음으로 3분 거리에 있는 극락보전極樂寶殿으로 간다. 극락보전은 온통 금박인 단아한 건물이다. 일본의 금각사를 연상케 하고 주위를 둘러싼 연못에는 큰물고기가 무리 지어 헤엄치고 있다. 공간적인 구성과 황금비례黃金比例가 얼마나 절묘한지 눈이 슴벅슴벅한다. 한 바퀴 돌아 일붕사 입구로 내려간다.

길은 고즈넉한 산사 풍경이 망막에 스며드는 시간이었다. 일붕사 가람 배치는 미적 구도도 뛰어나지만 빼어난 산세가 둘레를 감싸 안고 있는 타원형의 평촌리 들판도 하나의 이상적인 지형을 그리고 있다. 이때쯤 나는 누구인가, 어디로 가는가, 이런 미해결의 의문이 정수리에 서릿발을 세운다. 놀라운 과학의 발달은 인간을 신의 응접실에까지 다가가게 했다. 게다가 풍요한 물질의 쾌락은 영성을 마비시켰다. 이런 복잡직인 변화에 인간은 더 오만해지고 반대급부로 공허해졌다. 그리고 자기에게 더 소외되고 그 회복이 어렵게 되었다. 이런 사실에 우리는 충격을 받고 깜짝 놀라야 한다. 지금이라도 자기를 열고 자기를 찾아야 한다. 더 늦출 수가 없다. 그럼으로 우리의 의식도 사고도 전환해야 한다. 말하자면 불교도 현대화하고 디지털화 해야 한다는 것이다.

종교개혁가 루터는 "돈주머니가 회개하기 전까지는 회개가 아니다."라고 했다. 우리 곁에 온 부처 성철 스님이 열반하면서 남긴 것은 누더기처럼 기워 입은 가사와 숟가락, 일기장 정도였다. 감리교의 창시자 존 웨슬리가 떠나면서 남긴 것은 성경과 숟가락, 주전자, 낡은 코트 한 벌과 운구비뿐이었다. 즉 소유욕을 줄이고, 버리고, 그 가슴에 사랑을 채워 넣는 것이다. 나에게 그게 가능할까. 불경 소리가 낭랑하게 들린다. 그 부처님 말씀에 순간이지만 나의 탐욕이 부서져 나가는 전율을 느낀다.

튀어오르는 물고기, 위용의 디아크
강정보 디아크와 성지산

강바람이 분다. 초봄임에도 강바람은 겨울 언어로 말하고 있다. 스산한 강둑에 하얀 머리를 부품하게 파마한 갈대군락을 비파 소리로 흔드는 강바람은 아직 겨울 손이다. 디아크로 가는 금호강변길, 낙동강과 합수하여 근육을 불리고 흘러가는 그 아래 대구 달성보로 인하여, 강물은 가뭄을 잊고 풍만하게 출렁거린다. 그러나 저 강도 나도 알고 있다.

4대강 보를 만들기 전 어느 해였던가, 나는 이 길을 걸은 적이 있다. 그때 겨울 가뭄이 심해 강물은 마치 거랑물처럼 흘렀다. 솔직히 강이라고 말하기에 피골이 상접한 그 몸집은 무슨 미라 같았다. 희미하게 악취도 있었고, 강둑까지 홍수에 밀려온 쓰레기들이 너절하게 흩어져 있었다. 자연 눈에 쌍심지가 돋았다. 그러나 지금은 어떠한가. 양

편 둑방의 경계까지 찰랑거리는 거대한 물은 옅은 잉크색으로, 내 마음에 형언할 수 없는 희열을 준다. 저 물을 펜에 찍어 편지를 쓰면 남십자성까지 가는 사랑을 적을 수 있을 것 같다.

낙동강 디아크

이제 디아크The ARC가 눈을 가득 채운다. 디아크는 지구와 하늘, 문화에 대한 우아하고 기하학적인 접근과 강 문화의 모든 것을 담은 건축물로 예술품으로서 가치도 높다. 건축 콘셉트는 강 표면을 가로지르는 물수제비, 수면 위로 뛰어오르는 물고기 모양과 한국 도자기의 완숙함을 함께 표현했다. 강과 물, 자연을 모티브로 완성된 디아크는 현 콜롬비아 대학 건축학 겸임 교수인 하니 라시드Hani Rashid의 작품이다. 지하 입구로 들어간다. 안내 데스크 옆에 있는 전시공간이 나에게 윙크한다. 강과 사람, 강과 음악에 대해서는 테이블 위 지도에서 음악과 자막을 볼 수 있다. 강과 문학, 강과 미술 코너도 감성에 큰 울림을 준다.

1~2층에 있는 서클영상인 '생명의 순환'은 생명의 근원인 물, 문명의 젖줄인 강의 위대함을 심벌로 만든 영상이다. 즉 '생명의 탄생' '문명의 비상' '강의 교향곡' 세 작품으로 구성, 자연의 경외감과 생명의 순환, 그리고 물과 소통하는 초현실적인 경험을 할 수 있다. 우리는 강에 대

한 서클 영상에서 우리 생명의 유전자를 점지하고, 자기 안에 있는 우주의 강으로 떠나는 시원始原의 체험을 할 수 있다.

3층 커피숍을 지나 전망대로 나간다. 대구 서부 와룡산 줄기부터 도시중앙, 남부 앞산 비슬산맥, 눈앞에는 등골이 서늘하도록 아름다운 낙동강이 흘러가고 있다. 달성습지 화원동산에 시야가 멈추기도 한다. 낙동강을 중심으로 고령 다산 성지산과 달성 다사 죽곡산이 서로 마주 보고 있다. 이곳이 정녕 기회와 약속의 땅, 그리고 생명의 강, 우리가 찾아 헤매는 가나안이 아닐까.

디아크를 나와 낙동강 본류 둑을 걸어 강정마을로 간다. 강정江亭은 신라 시대 정자인 부강정浮江亭에서 유래되었다. 이곳은 신라왕이 유람하였던 유서 깊은 곳이다. 좌로 꺾어 강정고령보로 들어간다. 탄주대 전망 덱에서 사방을 조망한다. 탄주대는 가야토기와 가야금 12현을 형상화한 기둥과 케이블로 연결한 전망 덱이다. 넘실거리는 강물을 보면 정수리에서 생땀이 난다. 다리 아래 만든 낙락섬은 즐거움이 떨어진다는 뜻의 인공섬인데, 지금은 통행금지다. 물막이 보에는 물고기가 다니도록 계단으로 되어 있다. 여기로 강물이 흐르면 풍금 소리가 난다고 한다. 그 풍금 소리는 어쩌면 동요〈오빠 생각〉일 거라고 생각해 본다.

보가 끝나는 곳에 '고령은 행복한 삶이 샘솟는 도시입

니다' 라는 안내판이 있다. 조금 걸어 나가니 다산과 성주 간 도로가 나와 우측으로 돌아 곽촌리로 간다. 곽촌리 마을 표석에서 좌측으로 튼다. 이 마을은 한약재인 곽藿이 많이 생산되어 곽촌리가 되었다 한다. 직진하다가 길이 막히면 좌측으로 튼다. 바로 성지산 안내도가 있어 훑어보고, 산으로 오른다. 달성 서씨 묘가 나온다. 사람은 흙에서 나서 흙으로 돌아간다. 묘는 흙으로 돌아간 사람이 영원히 잠자는 집이다.

구절초 군락지를 지나고 주을지 삼거리도 지난다. 이제 저 숲에 나를 숨길 나이도 되었다. 솔잎이 소리 없이 떨어지고, 그 솔잎을 밟으면 걷는다. 쉼터 벤치가 나와 잠시 쉰다. '고령 행복누리길' 이란 이정목도 서 있다. 다시 걷는다. 두 번째 고압선을 만나고 윙윙거리는 소리가 조금은 거슬린다. 작은 봉을 오르고 내리고 파도타기를 한다. 우측 봉을 좌측으로 돌아가면 다시 만나는 에움길 안부, 소나무가 멋진 통나무 계단을 오른다. 얼마나 홀홀하고 홀가분한지. 몸이 올라갈수록 마음은 한 뼘 더 내려간다.

고령 다산 성지산

이어 미륵령이 나오면서 갈림길이다. 성지산 정상 길로 간다. 미륵불은 정상에 갔다 되돌아와야 한다. 정상은 넓은 공터이며, 동쪽에 낙동강 전망 덱, 서쪽에 성주 방향 전망 덱이 있다. 양쪽 전망대를 오가며 먼 풍광까지 망막에 심는다. 미륵불로 가기 위해 길을 돌아서 간다. 잠깐 사이 미륵불이 나타난다. 거긴 미륵정도, 운동기구도, 해먹도 있다. 사람 왕래가 잦다는 직감이 든다.

상곡리서 만난 1.5m 높이의 미륵불

옛 정취 절절한 돌담 안에 미륵불이 있다. 입구에 빗자루가 있고 주변 청소가 정갈하다. 이곳은 다산 상곡리다. 마을 사람들은 이 불상을 미륵부처라 부르며 신성시한다. 이전에 조그마한 암자가 있었던 것으로 짐작되며, 그것을 뒷받침하듯 고려·조선 시대의 기와, 청자, 백자편이 흩어져 있다. 미륵불은 1.5m 정도 통바위를 조각하였는데, 얼굴과 몸체는 알아보기 힘들 정도로 마모되어 있다. 미륵불을 찾는 사람들은 아이를 점지해 달라고 빌고, 고을의 안녕과 풍요를 빌기도 한다. 그러나 미륵은 미래불이다. 장차 미륵불이 오면 단 한 번의 설법으로 수억만의 중생을 구한다고 한다. 불교는 각覺, 즉 깨달음의 종교다. 팔만대장경의 진리로도 중생을 깨우치기 어려운데, 단 한 번의 설법으로 우리 중생을 부처로 만든다. 얼마나 통쾌하고 빵 터지는 가설인가. 부처의 몸을 한번 가지면 무량無量한 목숨을 받고, 천상의 복락福樂을 누린다. 상상만으로도 마음에 환희심이 질펀하게 흐른다. 정말이지 이렇게 볼품없는 석미륵이 뿜어 대는 무언의 힘에 나도 모르게 정숙해진다.

사랑채 장육당

이제 내리막길이다. 돌탑 사이로 햇살이 내리고, 숲에는 콩새가 날아다닌다. 산자락에 있는 장육당에 들른다. 장육당은 다산 상곡 입향조 이지화의 아들인 이윤이 1671년에 건립, 거처한 사랑채다. 다른 고건축에서 잘 볼 수 없는 아름다운 부연이 있어 궁금하다. 연유는 이 건물 창건 당시 이윤의 어머니가 조선 9대 왕 성종의 아홉째 아들 이성군의 5세손인 이구의 딸이었기에 일반 사가私家에서 달 수 없는 부연을 달았다. 말하자면 왕실로 장가 간 후광으로 부연을 달았던 것이다. 이윤은 당시 외가가 왕실이므로 벼슬에 나아가지 못하고 여기서 후학을 기르면서 은둔하였다 한다.

잠깐 성지산을 본다. 미륵님, 미래완료의 시간 속에 계시는지요. 당신의 자비는 저 허공처럼 없는 곳이 없다지요. 그럼 우리는 왜 고통스러워야 합니까. 욕망으로 사니까 그렇다고 했지요. 깨달으면 고통이 없어진다고 해요. 빨리 오셔서 설법해 주세요. 미륵세계에서 고통 없이 함께 살면 좀 좋아요. 오늘 트레킹 로드는 도심에서 쉽게 갈 수 있고, 사랑하면 할수록 광채가 나는 보석 같은 길이었다.

동학 재건의 기틀을 다진 유서 깊은 곳
해와 달의 도장이 찍힌 영양 일월산

올 땐 아득한 듯, 와보면 골골마다 설렘의 풍경들. 영양 일월산 정상까지 승용차로 간다. 영양과 일월산은 집과 대문이다. 영양의 벨을 누르면 일월산이 얼굴을 방실 내민다. 일월산은 영산靈山이고 명산名山이다. 전체 땅의 86%가 산인 영양에서 단연 가장 높고 신령스러운 산이 일월산日月山이다. 그날 유월의 해가 더 가깝게 보이는 동봉 일자봉(1,217m)에서 나는 파노라마 뷰를 보고 있었다. 해무 탓인지 동해가 아슴아슴 가물거렸다. 그러나 일망무제의 허공, 그 너머 더 먼 곳까지 실루엣이 그려지면서 그 황홀한 경치에 새된 소리가 났다.

산릉을 걸어 서봉인 월자봉(1,170m)으로 간다. 월자봉 아래 큰골은 낙동강 지류 반변천 발원지다. 여기서 조망되는 경관도 탄성을 자아내게 한다. 그리고 허공에 붕 떠 있는 것 같은 환각을 느낀다. 대체 나란 누구인가. 자기를 얼싸 안아 본다. 자기를 확인할 때 오는 기쁨이 헹가래를 친다.

애달픈 사연 깃든 당집

길을 따라간다. 군부대 경고문이 있다. 산신각도 보고, 황씨부인당에 멈춰 선다. 황씨부인당이 왜 이곳에 있는가. 당집 유래는 이렇다.

조선조 순조 때, 당리에 살던 우씨(禹氏)와 부인 황씨(본관 평해)는 금실이 좋았지만, 딸만 아홉을 낳았다. 애면글면 아들을 낳지 못하여, 시어머니의 학대가 사나웠다. 이를 견디지 못한 황씨는 일월산에 올라 심마니 움막에서 자살했다. 가족들이 사방 수소문하였으나 찾을 수 없었다. 그런 황망 중에, 한마을에 사는 이명존(李命存)의 꿈에 황씨 부인이 나타나, 심마니 움막에서 죽었다는 것이다. 이에 남편 우씨에게 알려 시신을 거두게 하였다. 그 후, 다시 현몽하여 당집을 세워주기 부탁하므로 마을 사람들은 황씨 부인의 원한을 달래기 위해 현 위치에 당집을 세웠다.

지금은 당리에 사는 한 여성이 매달 초하루 보름에 당에 올라 기도하며 관리한다고 한다. 때때로 우환, 병, 재수가 없는 집안의 부인들이 이곳에 찾아와 쌀과 과일을 놓고 치성을 드린다. 그러나 당리 마을에서는 이 황씨부인당을 토속신으로 믿으며, 안녕과 풍요는 이 여신女神의 영험이라고 생각한다. 외씨버선길 푯말 따라 대티골로 하산한다.

동학교주 해월 최시형 은거지 윗대치

해와 달의 도장이 찍힌 일월산. 조선 철종 12년(1861), 고산자 김정호는 대동여지도에서 백두대간을 등뼈로 하여 동을 영동, 서를 영서, 남을 영남이라 일컬으며, 여기 일월산이 세 지역 정기가 모이는 곳이라고 감탄하였다 한다. 우거진 숲에 산나물이 흔하디흔한 외씨버선 길을 버선 없는 두 발로 내려온다. 어디선가 새소리가 들린다. 맑디맑다. 저 새들의 노래에는 가사가 없을까. 아닐 것이다. 인간이 단지 못 알아들을 뿐이다. 숲의 식물군이 뿜어내는 피톤치드가 전신에 뜸을 뜬다. 이렇게 몰입에 풍덩 빠져 걷는 산길은 꿀꺽꿀꺽 쉽게 발목으로 넘어간다.

드디어 대티골 주차장에 도착한다. 일월산 어귀에 있는 윗대치는 동학 2대 교주 해월 최시형이 한때 거주했던 곳이다. 당시 그가 살았다는 밭에는 흰 두루마기 같은 비닐하우스가 덩그렇게 있다. 그럼 해월은 언제 왜 윗대치로 왔을까. 최제우로부터 동학의 도통道統을 물려받은(1863년 8월 14일) 해월. 그는 1864년 최제우가 대구에서 순도殉道하고, 그 후 관병의 눈을 피해 보따리 하나 달랑 가지고 숨이

다니며 살았다. 1865년 평해, 1866년 울진 죽변을 거쳐 6월에 영양 일월산 자락 용화동의 윗대치(상죽현, 현 대티골)로 이주移住해 은거하였다. 그해 7월 해월의 가족이 이주하였고, 가을 이후에 김덕원을 비롯한 다수 교도까지 이사하여, 해월은 동학포덕에 힘쓰게 된다.

어느덧 세월은 흘러 1869년 2월부터 윗대치는 동학교단의 심장부가 되었다. 그럼 해월의 프로파간다는 무엇일까? 사람을 하늘처럼 모셔야 한다는 사인여천事人如天이다. 모든 생명, 자연에는 '한울님(하나님 또는 하느님)' 마음이 있다. 즉 사람이 바로 한울님이니 '사람 섬기기를 한울같이 하라' 는 것이다. "나는 비록 부인 어린아이 말일지라도 배울 것은 배우고, 스승으로 삼아 모신다." 라고 하여, 인간 존엄과 평등을 뿌리로 한 인간존중정신이 해월의 키워드였다. 그뿐 아니라 하늘과 자연도 한울님의 마음을 가지고 있으니 똑같이 모두 존중해야 한다. 이를테면 경천(敬天 · 하늘 존경), 경인(敬人 · 사람 존경), 경물(敬物 · 자연 존경)하라는 것이다.

해월은 더 나아가, 사람이 행하는 일에 귀천이 있는 것이 아니라, 그 일을 한울님 섬기듯이 얼마나 정성과 참을 쏟느냐에 따라 귀천이 가려진다고 하였다. 해월은 또 "땅 아끼기를 어머니 살같이 하라." 고 가르쳤다. 그러면서 더러운 것을 땅에 함부로 버리지 못하게 하였다. 또한, 이르는 곳마다 틈틈이 나무를 심고, 새끼를 꼬고, 멍석을 내면서, 일거리가 없으면 꼰 새끼를 풀어 다시 꼬았다고 한다. 해월은 잠시도 놀지 않고 일하며 '한울님은 쉬지 않는다' 라는 것을 몸소 보여주며, 노동의 신성함을 일깨워 주었다. 지금 개혁의 새 물결을 이루는 '어린이, 여성, 생명, 노동, 환경운동' 등의 얼개가 이미 해월의 사상에서 싹트고 자랐다.

그렇게 한울님의 말씀과 노동으로 빈틈이 없었던 윗대치 시간이 어언 5년이나 흐른 1871년 2월 초, 해월은 영해로 들어가 이필제와 만나 숙의하고 돌아왔다. 이에 3월 10일에 이필제와 동학교도 영해민중들이 영해관아로 쳐들어가 부사 이정을 처단하였고, 3월 14일 저녁 일월산으로 물러나 해월과 합류했다. 역사적인 거사 영해봉기였다. 그러나 다음 날 15일 아침, 영양 현감 서중보가 토벌대를 이끌고 와 일월산의 동학군을 순식간에 포위했다. 바로 치열한 전투가 벌어져 13명이 사살되고 수십 명이 포로가 되었다. 해월과 이필제, 강사원, 김낙균 등 동학의 지도자들은 가까스로 포위망을 뚫고 탈출에 성공, 춘양을 지나 단양으로 피신했다.

이때부터 해월은 수배되어 보따리 하나에 명줄을 걸고 방방곡곡 쫓기는 몸이 되었다. 그 당시 영해 봉기 대열에 섰다가, 일월산 전투에서 동학교도 91명이 희생되었다. 그 중 영양 출신 동학교도는 8명이었다. 그 명단과 처형은 이

러했다. 이군협, 이재관, 최기호, 최준이 등 4인은 효수梟首
(죄인의 목을 베고 매닮)됐고, 신성득, 우대교, 이정학, 백모 등 4
인은 물고物故(죄인을 죽임)되었다.

해월은 36년간 산속의 도피 생활을 했는데, 그간 체포
되지 않은 것은 그를 밀고한 자가 없었기 때문이라 한다.
소크라테스, 시저, 예수 등 세계적인 위인들도 배신과 밀
고로 희생되었는데, 해월을 밀고한 백성은 아무도 없었다.
그만큼 해월은 백성들과 숨을 같이 쉬고, 일하고, 믿음으
로 굳게 맺어져 있었다.

해월이 살았다는 밭의 흙을 한 줌 쥐어 얼굴에 대 본다.
해월의 살 냄새가 물씬 풍기는 것 같다. 해월은 눈물이다.
어머니 살이고, 백의민족 정신이다. 역사의 현장 대티골을
떠나면서, 왠지 눈물이 주룩 흐른다. 청송으로 넘기 전 선
바위 관광지에 잠깐 들른다. 절벽과 강을 사이에 두고 깎
아 세운 듯, 선바위의 경관은 입이 벌어지는 장탄식이다.
남이포는 조선 시대 남이 장군이 역적의 난을 평정하였다
는 전설이 깃들어 있다.

오늘 트레킹은 생의 한순간 한순간이 모두 한울님과 같
이한 것이고, 한울님이 나를 떠날 수 없고, 나도 한울님을
떠날 수 없다는 하나의 호흡으로 숨 쉰 트레킹이었다.

백두대간 풍광은 신의 그림

단양 적성비와 대관령 양 떼 삼양목장

얄푸른 나무 사이로 강이 흐른다. 옛적에 아리수라 불렀던 남한강. 수려한 협곡으로 구불구불 흐른다. 멈춤 없이 흐르는 강은 역사다, 어머니다. 신神이 천지를 다 돌볼 수 없어 강을 만들고, 어머니를 만들었다. 인간은 문명을 만들면서 스스로 신의 아들이라 했다. 그 문명은 모두 강가에서 탄생했다. 황하·유프라테스·나일·갠지스강은 세계 4대 문명 발상지였다.

저 생명의 강은 말없이 간다. 과거 현재 미래를 품고, 물결 넘실대며 흘러간다. 7월의 녹음도 저 강으로 흐른다. 중앙고속도로 단양 휴게소 전망대에서 적성비까지 걷는다. 적성산성 성벽을 지나 정상 밑 단아한 비각에 선다. 다소 깨져 나갔지만, 단양 적성비(국보 제198호)는 신라 진흥왕(545~550) 때 건립되었다. 관리 부실로 산성 내에 비껴져 있었으나, 1978년 1월 6일 하방리 적성산성에 답사 나온 단국대학교 학술조사단 정영호 교수팀에 의해 발견·조사되었다. 당시 단양에는 간밤에 눈이 내렸다. 그날 오후 2시경 눈이 녹아 땅이 질퍽거렸다. 답사자 한 분이 흙 묻은 등산화를 털기 위해 땅에 묻혀있는 반석 위에 발을 올려 내려 보니, 그 돌 위에 글자가 선명하게 보이는 게 아닌가. 너무 놀라 사실을 조사하고 발굴한 것이 단양 적성비다.

1500년 시간 딛고 빛 본 단양 적성비

당시 출토 현장은 비의 표면이 하늘로 향하고 밑이 북쪽을 향해 비스듬히 누웠고, 30㎝ 정도가 흙에 묻혀 있었다. 비문은 편편한 큰 화강암을 물갈음으로 다듬어 얼핏 차돌같이 보이는 돌에 한문으로 얕게 음각하였다. 오랫동안 땅에 묻혀 있어 비면과 자획字劃이 또렷했다. 모두 22행 430자 정도 글자가 새겨져 있었다. 그러나 지금 비에 남아 있는 글자는 288자이고, 파편으로 수습된 글자가 21자이므로 309자의 글자가 해석 가능하다. 그 비가 지금 1,500년의 시간을 딛고 우뚝 서 있다. 발견 후, 이 적성비가 일으킨 파문은 엄청났다. 전국 신문에 대서특필됐다.

한국 고내사는 『삼국시기』를 중심으로 초벌 타작하는데, 이 기록을 증명할 사실적인 역사자료가 거의 없다. 세계 역사학자들이 입을 맞춘 듯이 이렇게 말하면, 한국 역사학자들은 꿀 먹은 벙어리가 되는 것이다. 참으로 어둡고 영혼 없는 한국사였다. 근데 1,500년 전의 적성비에서 『삼국사기』를 증명할 비문들이 발견된 것이다. 이 비문은 난해했는데, 서울대 변태섭 교수가 쉽게 설명했다. 즉 "진흥왕이 이사부와 비차부 무력 등 10명의 고관에게 하교하여 신라의 척경拓境을 돕고 충성을 바친 적성사람 야이차의 공을 표창했고, 후에도 야이차처럼 충성을 바치면 포상을 내리겠다."라는 것이다.

여기에 나오는 512년 우산국을 정벌한 이사부, 김유신의 할아버지 무력, 비차부라는 인명은 『삼국사기』에 등장하는 인명이다. 그렇지 않아도 역사 자료가 부족해 허덕이던 한국에 이 얼마나 단비인가. 이렇게 해서 비로소 『삼국사기』는 역사의 정통성을 찾고 민족의 등뼈로 자리하게 되었다.

약간만 위로 오르면 성재산 정상이다. 오르고 내려오는 트레킹 로드는 몽환적이다. 숲길이 다하면 온달산성 쪽 시야가 터지고, 거기엔 남한강이 유유히 흘러온다. 저기 더 먼 곳 정선에서 흘러오는 강물, 어디서 아우라지 노래가 들려올 것만 같다. 근자에 복원한 적성산성 위에 발을 디뎌본다. 신라가 단양을 빼앗아 쌓은 산성이다. 산성은 돌의 걸작이다. 역사가 의식의 흐름이라면, 의식은 돌의 흐름이다. 우리 의식은 인류가 영장류로 분리된 후, 99%의 삶을 살아온 구·신석기 시대에 만들어졌다. 인류는 돌에 그림을 그리고, 도구를 만들고, 음각 양각을 하고, 거대한 건축물을 만들고, 성을 쌓고, 신을 만들었다. 의식은 돌을 통해 흘러오면서 역사를 만들었다. 당장 고령 양전리 암각화, 반구대, 석굴암, 만리장성, 앙코르와트 등 세계적인 문화유적은 대부분 인류의 의식이 돌에 응집된 것이다.

해발 933m 양 떼 목장

단양 휴게소로 돌아와 두 시간 더 달려 대관령 양 떼 목장에 도착한다. 1988년에 설립되었고, 약 62,500평의 면적에 양들을 방목 사육하고 있는 양 전문목장이다. 목장 정상 기준 해발은 933m이다. 자작나무 쉼터를 지나 산책로로 간다. 백두대간의 아름다운 풍경이 마치 신의 붓질 같다. 고원 위 하늘과 맞닿은 듯한 그 공간을 걸으면 갇혀 있던 영혼이 해방되는 것 같다. 트레킹 로드는 양털처럼 보송보송하다. 가장 높은 곳에 선다. 일망무제다. 목초지에는 양 떼가 한가로이 풀을 뜯고 있다. 뒤쪽에는 앉아 쉬는 양들도 있다. 양은 배가 부르면 절대 먹지 않는다. 정말 부러운 본능이다.

삼시 세끼 먹고, 틈틈이 간식 먹고, 술과 차 같은 기호식품을 먹어야 하고, 배가 터지도록 먹고도 만족하지 못하는 인간의 입을 슬쩍 쳐다만 봐도 으스스하다. 인간의 입, 저

작은 입으로 얼마나 많은 것이 들어가고 나오고 하는가. 대자연까지 뜯어서 먹어치우는 끔찍한 그 입. 하루에도 천국과 지옥을 수없이 만들고 파괴하는 입들, 인간 실존의 블랙홀인 그 입들.

양 방목지는 매일 변경된다. 이렇게 방목지를 바꿔가며 순환하는 방법을 '윤환방목' 이라고 한다. '윤환방목' 은 양에게 매일 신선한 목초를 공급해 주고, 목초가 새로 자랄 수 있는 여유 시간을 준다. 즉 초지는 모두 30여 개 구역으로 나누어져 있고, 매일 방목지를 바꿔가며 이동해도 25일 전후로 목초가 새로 자라있는 1번 방목지로 돌아오게 된다. 이를테면 윤환이 되는 셈이다. 건강한 양과 목초를 위해 윤환방목이 꼭 필요하다. 초식동물인 양은 순하디순한 동물이다. 인간의 선한 본성과 양의 순한 본성의 DNA가 톱니처럼 물려있다. 한편으로 인간은 맹수의 잔인성도 가지고 있다. 말하자면 인간은 지상의 각종 생명체의 특성을 다 가지고 있다. 그게 영혼이 된다.

대관령 양 떼 목장은 이미지 그대로 평화였다. 어쩌면 내가, 어쩌면 당신이 즐겨 듣는 목가적인 음악 같기도 했다. 목장은 마치 거대한 교회 종의 거푸집 같은, 오목하고 편안한 장소에 축사가 있다. 바람이 불어온다. 바람은 허공의 종소리다. 저 종의 울림이 퍼지는 곳, 거기에는 양 떼를 몰고 다니는 목자의 말씀이 있다. "너희 생각은 어떠하

냐. 만일 어떤 사람이 양 백 마리가 있는데, 그중 하나가 길을 잃었으면 그 아흔아홉 마리를 산에 두고 가서 길 잃은 양을 찾지 않겠느냐.(마18:12)", "진실로 너희에게 이르노니 만일 찾으면 아흔아홉 마리보다 이것을 더 기뻐하리라.(마18:14)" 잃은 양 한 마리를 찾아 가슴에 안고 흠뻑 기뻐하시는 예수님의 자태가 흰 구름에 클로즈업된다. 양 떼 목장 답사를 마치고, 삼양목장으로 이동을 한다.

셔틀버스를 타고 동해 전망대에 먼저 오른다. 양 떼 목장과는 달리 바람이 너무 거세다. 몸을 가눌 수 없는 노대바람, 왕바람에 정신마저 날아갈 지경이다. 그중에도 아스라하게 동해 바다와 강릉이 비몽사몽의 꿈처럼 몽롱한 비경을 연출한다. 바람은 쉬지 않고 불어 공포감마저 든다. 어쩔 수 없이 다음 셔틀버스로 돌아 나온다. 바람을 단단히 맞았다. 목책로 구간별, 바람의 언덕, 숲속의 여유, 사랑의 기억, 초원의 산책, 마음의 휴식 길은 다음 기회로 미루어야 했다. "양은 그 오른편에, 염소는 왼편에 두리라.(마25:33)" 성경 말씀이 떠올랐다. 어떻게 해야 그 오른편에 두는 양처럼 살 수 있을까. 저 목장의 양처럼 하느님께 순종하며 살아가야 하지 않을까.

신라 신덕왕 때 대경대사가 창건한 절
천 년 은행나무와 양평 용문사

매일 바람이 불었다. 수많은 은행잎이 팔랑거리고, 그때마다 거대한 은행나무는 무녀의 춤처럼 관자놀이를 떨리게 했다. 그도 그럴 것이 나이가 1,100년이 넘는다는 은행나무는 넋을 잃고 바라보는 신령스러운 거목이다. 날마다 바라보던 나무는 풍경 속에서 의미를 찾지만, 이 거목은 중생대 쥐라기 후기에서 날아온 시조새처럼 나에게 새로운 현실의 감정을 부어주곤 했다. 그 참에 애증이 홀연 사라지고 순간순간이 명백해지는 지금 여기, 용문사 은행나무가 있다. 아울러 눈 위, 아득하게 올려다보이는 눈 위에, 1,100년의 나뭇가지가 있고, 이따금 바람이 불 때마다 은행잎의 실루엣 전설이 있다.

김부식이 만든 『삼국사기』보다 더 까마득한, 신라 말기 마지막 인금인 경순왕의 이들 미의데지麻衣太子가 나라를 잃은 비탄의 걸음으로 금강산을 가다가 이곳에 심었다는 은행나무, 저 우주보다 더 무궁무진하다는 화엄의 세계를 210자 법성게에 담아낸 의상대사가 짚고 다니던 지팡이를 꽂고 갔는데 그것이 자랐다는 은행나무. 그러므로 이 은행나무는 탄생부터가 미궁이다. 1962년 12월 7일에 천연기념물 제30호로 지정되었으며 높이 42m, 가슴높이 줄기 둘레 14m, 가지는 동서로 28m, 남북으로 29m 정도로 우리나라에서 가장 큰 나무다.

1100살 추정 은행나무 천왕목

고생대 때 모습과 유사한 생물 종種의 하나인 은행나무는 '살아있는 화석'이다. 고작 100년을 넘기기 어려운 사람의 일생에도 이야기 할머니가 다 풀 수 없는 보따리가 있는데, 하물며 1,100년의 비바람을 견딘 은행나무에서 길어 올리는 이야기 두레박이 왜 없겠는가. 이미 600년 전 조선 세종 때 이 나무에 당상 직첩 벼슬을 내렸다 한다. 어느 옛날, 이 나무를 베고자 톱을 대었을 때, 톱 자리에 피가 흐르고 마른하늘에 천둥 번개가 쳐 작업을 중단했다 하기도 하고, 1907년 정미 7조약으로 군대 해산 및 고종 퇴위에 반발하여 전국적으로 일어난 정미의병 때, 일본군이 용문사를 애면글면 불살라 버렸으나 은행나무만은 불타지 않았다고 한다. 그뿐만 아니라 나라에 큰 변고가 생길 때마다

기이한 소리가 들렸다. 8·15광복, 6·25사변에도 1,100년의 은행나무는 그때마다 침묵의 소리를 내었다. 그 소리는 마치 잠언처럼 듣는 사람의 귀를 바늘로 찌르는 쇠 울림이 되었다.

신생대 에오세에 번성하였던 나무. 우둘투둘한 껍질에 방화벽을 만들어 아득한 세월에도 불타지 않고 살아남아 용문사 입구를 지키고 있다 하여, '천왕목天王木'이라고 불린다. 열 아름도 넘어 보이는 둥치는 1,100년 동안 성찬이 된 용문사 독경을 끼니로 한 탓이리라. 한갓지게 바람이 다시 불었다. 찾아온 탐방객에게 불꽃처럼 영감을 터트리던, 가장 먼 여행이었던 은행나무. 그 어느 때보다 의아한 수수께끼 얼굴을 하고 그곳을 떠난다.

금동관음보살좌상

숲길을 걸어 지척의 용문사로 간다. 절로 가는 길은 자신의 내면으로 걷는 길이다. 대웅전에 도착하고 오른편 금동관음보살좌상을 살펴본다. 14세기에 제작된 보물 제1790호로 앉아 있는 관음보살상이다. 중생의 고통을 보고 그 고통을 없애주는 보살이다. 그러나 누구라도 보살이 될 수 있다. 제 모습을 읽어 내고 자기 자신을 바로 알면 보살이 되는 것이다.

보살菩薩을 뜻글자로 보면 가유정覺有情이다. 속세의 정情

을 가지고 그 바다에 살면서도 깨달은 사람이다. 깨달음은 순간순간 곰비임비 제 모습을 쳐다보는 것이다. 올바른 제 모습 즉 자아는 공空이다. 그러므로 보살은 나라는 생각, 너라는 생각, 존재에 대한 집착을 일으키면 이미 보살이라고 말할 수 없다. 그리고 보살은 어떤 형상에 사로잡히거나, 무엇인가에 매달려 보시를 해서는 안 된다. 이를테면 금전이나 물질을 바라면서 보시해서는 안 된다. 맛이나 냄새 그리고 소리, 즉 감각에 접촉되거나 마음의 환각에 사로잡혀 보시해서도 안 된다. 보살은 고苦의 원인이 되는 집착執着을 버려야 한다. 그게 무아無我를 척추로 하는 보살도다.

그 옆에 석가모니불, 부처님이 계신다. 우리는 그 아무라도 역시 부처님이 될 수 있다. 부처는 추방된 신이 아니고, 깨달은 사람을 말한다. 우리는 석가모니와 부처를 동의어로 쓰고 있지만, 아무려나 깨달으면 부처가 되는 것이다. 그럼 처음의 각자覺者, 석가모니가 깨달은 것은 무엇이었을까. 그분이 출현하여 해결한 것은 생로병사의 4고苦에 시달리고 있는 인생 문제를 치유하여, 이고득락離苦得樂 즉 고苦를 떠나 낙樂을 얻도록 한 것이다. 고苦는 흔히 인생은 고해苦海다. 즉 '인생은 괴로움의 바다'라고 하는 그 고苦다. 여기서 키워드가 되는 고苦는 인간 마음이 잘못 만들어내는 판타지를 말한다. 이를테면 우주의 물질계는 잠시도 쉬지 않고 어떤 무형의 법에 따라 변한다. 물질계는 성주괴공成住壞空하여 불멸도 없고, 영원도 없다. 그러므로 물질의 이합집산인 몸에 집착해 자아를 만들고, 불멸의 영혼까지 만들어 믿는 것부터 잘못된 판타지이고, 이런 집착에서 고苦가 생긴다고 말한다. 이렇게 우주도 인간도 그 실상이 공空임을 터득하면 고苦를 떠나 낙樂을 얻는다는 것이다. 이건 인간적인, 너무나 인간적인 현상학적 해석이다. 그분의 법문은 팔만 사천의 대장경에 수록되어 있어 다 헤아릴 수는 없다.

그러나 중국의 영가永嘉(665~713) 대사는 증도가에서 '무명실성즉불성無明實性卽佛性 환화공신즉법신幻化空身卽法身, 우리가 버려야 한다고 여기는 어리석음이 바로 부처의 성품이며, 헛것이고 판타지라서 허망하다고 한 내 몸이 바로 법의 몸'이라고 하였다. 그리고 금강경의 제일 사구게四句偈를 보면 '불佛이 고 수보리 하사대, 범소유상凡所有相이 개시허망皆是虛妄이고, 약견제상비상若見諸相非想이면, 즉견여래卽見如來라' 하였다. 이 게송偈頌(詩)을 풀이하면 '부처님이 수보리에게 말씀하시었다. 무릇 형상이 있는 것은 모두가 다 허망하니라. 만약 모든 형상을 형상이 아닌 것으로 보면 곧 여래를 보리라'고 설했다. 이를테면 모든 형상이 있는 것은 다 허망하다. 금은보배라 할지라도, 결국은 허망하다. 그 이유는 상相이 있기 때문이다. 모든 존재는 상이 없는 공空이다. 형상은 인연의 법칙에 따라 잠시 나타났다 흩어지고 마는 것이다. 우리가 애지중지하는 몸도 마찬가지로 잠시 나타났다 흩어지는 것이다. 만약에 우리가 형상이 허망한 것을 허망하다고 볼 수 있으면 바로 여래를 보는 것이다. 이렇게 되면 누구라도 부처님이 되고, 나와 너 존재의 참모습이 드러나 비로소 만물일화萬物一花 동체대비同體大悲, 즉 우주가 하나의 꽃, 하나의 큰 자비가 되는 것이다. 그리하여 지혜의 삶, 보살의 삶, 부처의 삶을 살 수 있다는 것이다.

다음으로 관음전 산령각, 종각을 탐방한다. 그리고 '정지국사 부도'가 알려져 있다 하여 들러본다. 용문사는 신라 신덕왕 2년(913) 대경 대사가 창건하였다. 고려 우왕 때 지천 대사가 개풍 경천사의 대장경을 옮겨 봉안하였고, 1447년 조선 시대 수양대군이 모후인 소헌왕후 심씨의 원찰願刹로 정하면서 보전을 다시 지었다. 일제 강점기에 의병들이 용문사 일대를 근거지로 무력 항일운동을 하면서, 일본군에 의해 용문사가 대부분 불타 없어졌다. 그 후 중수하였으나 다시 6·25 사변 때 일부 파괴되었고, 1982년 중건하여 현재까지 유지되고 있다.

절 문을 나서는 마음에 꽃이 만발한다. 저 꽃이 나의 생명에서 피고, 내가 몰랐던 나만의 꽃이었다는 사실에, 그리고 우주가 모두 꽃이었다는 사실에 놀랐다. 그리고 내가 아닌 나를 만나고, 내 안의 수많은 나를, 또 우주를 만나면서, 그것이 모두 꽃이고 즐거움이란 사실에, 찬탄하고 놀랐다.

내 마음 속 부처를 만나다
고흥 팔영산 능가사

　능가사로 가는 길은 고즈넉했다. 몸집이 큰 겨울 나목 몇 그루가 휑뎅그렁하게 서 있었다. 천왕문을 지나자 경내는 스산하고 을씨년스러웠다. 그러나 명산 팔영산을 배경으로 자리 잡은 능가사는, 다른 세계처럼 꿈꾸는 풍경이었다. 그 겨울의 절집 능가사는, 무언의 자비와 사랑으로 우리를 구원하는 신神의 서식지처럼 여겨지기도 했다.
　대루를 통과하고 작은 연못에서 멈춘다. 마치 불사리佛舍利처럼, 가운데 섬이 있고, 거기에 즉심시불卽心是佛이 석비에 새겨져 있다. '중생의 마음이 곧 부처의 마음' 이라는 뜻이다. 이 얼마나 간결하고 명쾌한 문구인가. 마음은 나의 내면의 문제이다. 내 안의 마음에, 부처가 있다는 의미다. 내가 저 문구를 보지 못했다면, 나는 내 마음에 부처가 있다는 것을 알아채지 못했을 것이다. 그러나 내 안 어디에 부처가 있는 걸까. 그걸 찾는 건, 고르디우스의 복잡한 매듭처럼 해결하기 어려운 문제가 아닐까. 그러나 그것보다 차라리 이 세상 사람 모두가 그리스도이고, 그들이 모두 십자가에 못 박혔다고 말하는 게 더 쉽지 않을까. 오늘이 교회 가는 주일이므로. 아무튼 내 안에 부처가 있다는 가설은 나의 인식에 새로운 발광체가 되었다.

능가사 범종

바로 뒤에 종각이 있다. 능가사 범종은 현존하는 김애립 金愛立 작품 가운데 가장 늦은 시기인 1698년에 제작된 것으로, 김애립 범종의 원숙한 기량이 유감없이 녹아있는 17세기를 대표하는 수작이다. 이 범종은 맑은소리, 긴 여운, 뚜렷한 맥놀이가 있고, 낮은음의 더딘 울림과 사뭇 자비로운 중심음이 멀리 길게 이어지며, 아득한 허공으로 선을 그으면서 퍼져나가, 사바세계로 스며드는 신비감이 있다고 한다. 멍하니 들여다보다가 대웅전으로 간다. 대웅전은 60평 면적이다. 그런데 중간에 기둥이 없다는 점이 놀랍다. 어떤 건축 공법이었을까. 대웅전이 품고 있는 그 많은 뜻을 다 말할 수는 없고, 기둥의 주련만 한번 해석해 보기로 한다.

樓閣重重華藏界 겹겹이 늘어선 누각이 화장의 세계요

紫羅帳裏撒眞珠　보랏빛 비단 장막 뒤에는 진주를 뿌린 듯하네
四五百株花柳巷　사오백 그루가 늘어진 버드나무 숲
二三千尺管絃樓　이삼천 척의 범음이 울리는 누각
犀因玩月紋生角　물소는 달을 감상하며 아롱진 달무늬 뿔에
　　　　　　　　새기고
象被驚雷化入牙　코끼리는 우레에 놀라 번개무늬를 상아에
　　　　　　　　입히네

　정말 아찔한 선시禪詩다. 이렇게 아름다운 주련의 시가 대웅전을 마음의 귀향지로 만들고 있다.
　절 뒤편에 있는 사적비는 1726년(영조 2년)에 세웠다. 불교 유래와 절의 사적을 기록해 놓은 중요한 자료이다. 이 비석은 처음 탑 앞에 있었는데 덕목이 도력으로 지금 장소로 옮겼다는 전설이 있다. 사적비에 의하면 기원후 417년(신라 눌지왕 1년)에 아도화상이 창건하여 보현사라 하였다고 하나, 뒷받침할 근거는 없다. 임진왜란 때 모두 불탄 후, 1644년(인조 22년)에 벽천 정현 대사가 다시 짓고 능가사로 사명을 바꾸었다. 당시 벽천은 나이 90세 노승으로 지리산에서 수도하고 있었는데, 어느 날 밤 꿈에 부처님이 나타나서 절을 지어 중생을 제도하라는 현몽을 받고, 이곳에 능가사를 다시 지었다고 한다. 또 영조 때 이중환의 『택리지』에 의하면, 능가사는 팔령산(현 팔영산) 아래에 있다.

아득한 옛날 유구국(지금의 오키나와) 태자가 풍랑으로 표류하다가 이곳에 이르렀다. 태자는 이 절 관음보살에게 엎드려 밤낮을 기도하며, 고국에 돌아가기를 빌었다. 기도 7일 만에 어떤 승려가 나타나 태자를 끼고 파도를 넘어갔다고 하며, 절의 법당에 그 내용을 그려 놓았던 벽화가 조선 영조 때까지 남아있었다고 한다. 물론 전설일 수 있다.

현대는 의식의 비대화와 과학이라는 양 수레바퀴 때문에, 우리는 우리를 이끌어 줄 신화神話를 엉뚱하게 미신으로 비과학으로 몰아붙이는 영혼 상실, 방향 상실의 시대에 살고 있다. 전설과 신화가 없다는 것은, 우리가 살아왔고 살아가야 할 의미를 잊어버렸다는 것을 말하는 것이다. 우리는 이제 아무런 의미도 없는 쾌락과 자유만을 추구하는 사르트르적인 세계에 내던져진 채, 생명의 에너지를 물질의 추구에만 소모하는 게 아닐까.

공터였던 응진전 앞마당에 의상조사가 화엄경을 210자 7언 30구로 요약한 법성게를 담은 「화엄일승법계도」를 본떠서 만든 차밭 길이 있다. 수행과 신행의 공간으로 탈바꿈된 이 길을 따라 걷는 '요잡'은 마음에 숨어있는 부처를 찾는 의식이다. 고개를 들어 팔영산을 바라본다. 겨울의 오후 햇살과 산의 나무들이 부르르 몸을 떠는 어스름 위로 여덟 개의 암봉이 수려하다.

팔영산에도 이런 이야기기 전해오고 있다. 그 옛적, 중국의 위魏(한나라의 뒤를 이어 조비가 220년에 세운 나라) 왕이 어느 날 아침 세숫물을 받았더니 그 대야에 8개의 빼어난 산봉우리가 비쳤다. 기이하게 여겨 신하를 보내 찾게 했는데, 그 산이 팔영산이었다. 그때까지 팔전산이라 부르던 것을 세숫물에 비친 그림자 영 자를 써서 팔영산으로 고쳐 부르게 되었다고 한다. 우에서 좌로 여덟 봉우리가 빼어난 자태로 공제 선을 만드는데, 신비하기만 하다. 산이 신령하다 하여 한때 신흥종교가 뿌리를 내리기도 했다. 또 팔영산에는 조선 시대 봉수대가 있고, 일제 강점기에는 의병 활동의 근거지로, 광복 후에는 빨치산의 은신처가 되기도 했다.

갯벌 위 철새들의 비행

중산 일몰 전망대는 의외로 여행객이 많다. 잿빛 구름이 하늘을 가렸지만, 서서히 다가오는 황혼의 겨울 하늘은 눈을 뗄 수 없는 풍경이다. 그리고 썰물이 나간 겨울 바다에는 여러 섬과 회청색 갯벌이 흐릿한 이내처럼 아슴아슴하게 보인다. 해는 기울수록 더 붉게 탄다. 그럴수록 길고 긴 갯벌과 먼바다는 차츰 눈이 시린 검푸른색으로 변해간다. 구름이 짙었으나 노을빛이 퍼지는 전망이 좋았으므로 숨죽여 너욱 기다린다. 그때 잔 허공을 가로지르며, 노을의 하늘 위로 철새가 날아간다. 비현실 같다. 잠시 후 누군가가 러시아의 노래 〈백학〉을 들려준다. 우리 민족 한의 정서와 비슷해 많은 이들에게 사랑을 받는 곡이다. 그 리듬과 가사는 떨고 있는 우리의 몸을 슬픔으로 얼어붙게 한다.

…그 대신 하얀 학이 되었나. 그들은 옛날부터 하늘을 날면서 우리를 부른 듯하여, 그 때문에 우리가 자주 슬픔에 잠긴 채 멍하니 하늘을 바라보는 것은 아닐지. 날아가네, 날아가네, 저 하늘의 지친 학의 무리들. 날아가네, 저무는 하루의 안개 속을 …

이 중산 전망대가 어쩜 그렇게 백학의 노랫말 얼개를 부둥켜안아 버리는지. 우리는 어둠이 내렸음에도 음악이 다할 때까지, 검푸른 바다만을 물끄러미 바라보며 떠날 줄 몰랐다.

광활한 남해 비경이 한눈에 보이는 섬
은수저 같은 거제도와 노자산

나에게 있어 섬은 일종의 수저이다. 이전에는 사람이 곧 하늘이라는 인내천人乃天을 믿었지만, 이제는 사람이 곧 돈이라는 인내전人乃錢이 시대의 화두가 됐다. 그 돈 때문에 인간은 각박해지고 영혼은 바짝 마르고 앙상하다. 그러나 나는 섬을 상상하고 그 섬의 바다를 그려볼 때마다 머리가 맑아지고 또다른 나를 거기서 발견한다. 그렇게 확장되고 새로워진 나에게 섬은 수저가 되어 굶주린 영혼에 고봉밥을 떠먹여 준다.

'그 섬에 가고 싶다', 바로 '그 섬'이 없다면 어디서 영혼이 위로를 받을까. 그중 거제도는 은수저다. 바다를 머리에 이고 사는 사람들에게 상상과 꿈을 떠 넣어 영혼을 배 불리는 은수저 같은 섬이다. 이 섬에는 가는 곳마다 걸어가는 자의 생각에 녹아있는 풍경이 나타난다. 그러면 그

때마다 자아의 외피 같은 경치가 또 한 번 나를 에워싼다. 그것이 무엇이든 나를 어딘가로 이끄는 힘이 이 섬에 넘쳐 난다. 그곳에는 또다른 것들이 나를 사로잡고 이어지는 다른 장소, 다른 시간으로 탐험하게 한다. 통영에서 신거제대교를 지나고, 거제 둔덕기성 즉 고려 의종이 무신정변으로 유폐되어 과거 폐왕성으로 불리기도 했던 그 사적을 멀리서 보며 고교 시절 국정교과서 국어책에서 배우기도 했던 청마 유치환 시인의 생가 인근을 지나 노자산 파노라마 케이블카 주차장에 도착한다.

활엽수림대 울창한 숲
2023년 3월 19일 개장된 노자산 파노라마 케이블카. 길이 1.56㎞이고 편도 10분이 소요된다. 학동 고개를 등받이 한 하부 정류장에서 10인승 케빈을 타고 오른다. 허공에서 내려다보는 노자산 자연휴양림은 각가지 나무들로 엉기어 숲이 울창하게 우거졌다. 고도가 높아질수록 시야가 더 확대되며 긴장과 공포가 생체리듬을 만든다.
　산은 활엽수림으로 가득 덮여 있고 아름다운 숲에 희귀한 야생 동식물들이 살고 있다. 이상기후와 무분별한 개발의 쓰나미로 이 순간에도 사라져 가는 동식물 어류가 있다 하는데, 여기는 마치 생태계의 방주처럼 다양한 새들과 멸종위기 야생 동식물이 서식하고 있다. 이윽고 상부 정류장에 도착해 먼저 전망대로 간다. 시야가 봇물 터지듯 툭 터진다. 눈에 다 차지 않을 만큼 사방으로 탁 트인 드넓은 풍경에 감탄한다. 가라산 쪽 가까이 윤슬 전망대가 있고 섬 북쪽으로는 노자산 정상이 보인다. 우리나라에도 섬과 바다가 이렇게 아름다운 곳이 있었다니, 세상은 넓고 광활하다.

얼떨떨한 기분으로 해발이 더 높은 윤슬 전망대로 바로 간다. 불과 100m 거리다. 이곳도 사방이 일망무제다. 해발이 조금 더 높아졌는데 풍경은 경이롭게 바뀐다. 이제 바다와 산야가 한눈에 다 바라볼 수 없을 정도로 넓고 아득하다. 저 멀리 구름도 안개도 아닌 자욱한 그것이 무엇일까. 바다는 온통 햇빛이 비치어 반짝이는 물결로 은박지를 깔아 놓은 듯하다. 머릿속까지 하얀 물결이 밀려오는 것만 같다. 아마 영혼이 그 외양을 드러낸다면 저런 풍경일 것이다. 은백색의 바다와 섬과 섬, 그 공간을 가득 채우고 있는 해무는 영혼을 먹는 하마처럼 나의 영혼까지 꿀꺽해 버린다.

저 다도해는 모든 사람의 영혼이다. 정말 그렇게 보인다. 거긴 신앙 없는 현대인의 교회이고 사찰이다. 또한 극락이거나 천국일 것이다. 다빈치의 〈모나리자〉, 뭉크의 〈절규〉, 귀를 자르고 권총으로 자살한 고흐의 생전 그림처럼. 「서편제」에서 판소리의 슬픈 가락을 위해 약을 먹여

눈까지 멀어버린 송화가 부른 한을 맺고 푸는 진도 아리랑이 상상과 리듬이 되어 현실을 파먹어간다. 왜 우리는 사람이 바다와 섬인 걸 모르고 돈과 저문 욕망만을 노래하는가. 이제 온갖 어둠이 고이는 내면을 벗어나 새로 찾은 나를 영접하러 나가야 한다. 바다와 섬이 던지는 그 영감 넘어 어딘가에 활짝 열려 있어 고통받는 가슴을 식히는 그곳, 영혼이 물결치는 바다와 섬과 섬이 깊은 잠을 깨우는 그곳으로 걸어가야 한다.

남동쪽에 가라산이 시계 방향 서쪽으로 매물도, 비진도, 연화도, 욕지도, 용초도, 한산도와 다수 무인도가 보인다. 그리고 임진왜란 시 이순신 통제사 승전지도 여러 곳이다. 그중 한산도는 삼도 수군 통제영이 자리했던 섬으로 호국 혼이 지금도 살아 숨 쉬는 유서 깊은 섬이다. 고개를 북쪽으로 돌리면 30분 거리에 노자산 정상이, 거제도의 산방산, 계룡산, 선자산, 북병산이 보인다. 조금 더 눈을 돌려 본다. 360도 회전이며 파노라마 풍경이다. 동쪽은 지심도, 내도, 외도, 대마도, 해금강, 바람의 언덕, 우제봉이 바다 사이로 수려한 경치를 만든다. 쪽빛 바다를 수놓은 보석 같은 섬이 펼쳐진다. 그리고 기쁨이 감탄사가 되어 허공으로 번진다. 한참을 그렇게 먹먹하게 보내다가 노자산으로 걷는다.

노자산 전망대에서 휘둘러 보는 파노라마 풍경도 마찬

가지다. 윤슬전망대에서 탄복했던 감동은 조금도 수그러들지 않는다. 노자산은 거제시 동부면에 있다. 천연기념물 233호의 동백나무 숲과 역시 204호이며 멸종위기 야생동물 2급인 팔색조의 번식지로 알려져 있다.

노각나무·박달나무·참나무 등 활엽수림대가 무성하며 울창한 숲에 희귀 동식물이 공생하고 있어 신비의 산으로 일컬어진다. 이를테면 노자산에서 발원한 산양천에 우리나라에서 유일하게 이곳에만 있는 멸종위기 1급 물고기 '남방동사리'가 산다. 이 밖에 멸종위기종인 애기송이풀, 나도풍란, 대흥란, 금새우난, 애기등, 백양꽃, 수정난풀, 백작약, 약난초 등 그 이름을 불러주면 아름다운 시어詩語가 되어 한반도 특산 식물이 수도 없이 서식한다.

언제부터인지는 모르나 불로초와 영약인 산삼이 있고 불로장생하는 신선이 산다고 노자산이란 산명을 얻었다는 전설이 있다. 고려 팔만대장경의 원목이 이곳에서 생산됐으며 조선 시대에는 봉산으로 지정돼 입산이 금지된 산이었다. 그리고 노자산은 고대 중국인인 노자와 장자 중 그 노자가 다녀갔다는 데서 따온 이름이라는 색다른 전설도 과거에 있었다. 노자는 『도덕경』에서 말한다. 사람이 우주의 근본이며 진리인 도道의 길에 도달하려면 '지절로 그러함'이라는 자연의 법칙에 따라야 한다는 것이 그의 무위자연 사상이다. 도道는 성질이나 모양을 가지지 않으며 변하거나 없어지지 않으며 항상 어디에서나 있다. 여러 가지 형태의 우주 만물은 다만 도道가 밖으로 나타나는 모습에 지나지 않는다. 상선上善은 물과 같다. 물은 흘러서 만물을 이롭게 하지만 다투지 않는다. 그러면서 뭇 사람이 싫어하는 낮은 데 머문다. 그러므로 도道에 가깝다. 노자의 도道는 무無다. 그의 무無는 단순히 유有가 아닌 것을 뜻하는 것이 아니고 무無는 우리가 알 수 없는 것이며 현상의 배후에 있는 저절로 그러함이다.

지난날 노자산에서 다양한 새들을 찾아보는 탐조 행사가 열렸다. 천연기념물 6종, 멸종위기종 5종 등 모두 57종과 법정 보호종 50여 종이 공생하는 노자산은 거제도 마지막 원시림으로 '뭍 생물이 엉켜 사는 보고'로 불린다. 이런 곳에서 시행된 탐조 행사는 큰 의미가 있었다. 천연기념물인 팔색조를 비롯해 긴꼬리딱새, 큰유리새, 파랑새, 솔부엉이, 소쩍새, 꾀꼬리 등을 발견했다. 그때 참가자들은 모두 들었다. 팔색조의 울음을, 솔부엉이 소쩍새의 울음을. 맑고 고왔다. 그건 우주의 소리였다. 나도 언제쯤 그런 새소리를 들을 수 있을까. 그 새소리를 듣게 되면 잃어버린 나를 찾을 수 있을까. 현재의 나를 돌이켜 보니 저절로 탄식이 나왔다.

드넓은 해변에 홀로 봉긋한 작은 산
삼척 맹방해변 덕봉산

겨울 바다는 파란 감동으로 목도리를 했다. 2월 바람이 탱고의 리듬으로 불어온다. 그런 탓인지 파도는 십 리가 넘는 백사장에 철썩철썩 밀려와 하얀 포말을 줄기차게 토한다. 하늘과 바다 명사십리, 곰솔 향기 그윽한 맹방해변孟芳海邊은 아름다운 자연이자 이름처럼 처음의 꽃이었다.

부드러운 모래밭에 발자국을 남기며 걷는다. 백사장에 닿아 부서지는 파도의 하얀 꽃잎들. 이건 숫제 겨울에 핀 흰장미 같다. 간혹 바닷바람이 세차게 불어오기도 한다. 그때마다 머리칼은 그리움처럼 풀풀 휘날리며 가르마를 탄다. 바다에 다가갈수록 파도 소리가 크게 들린다. 그 소리는 우주가 선하는 말이다. 대보름 농익패보다 더 올렁올렁하는 화음과 공명이 있다. 끝없이 멀리 보이는 수평선이 마음을 베어 버린다. 나의 바다로 향하게 하는 수평선의 손짓. 저 맹방 겨울 바다를 가슴에 담으면서 바다 위에서 그림을 그렸던 화가 훈데르트바서의 '백 개의 물'을 기억한다.

파도 소리, 하얀 포말, 흰장미의 환상, 수평선과 한 선에 있는 하늘은 전혀 낯선 풍경이다. 이런 경험은 목소리가 되어 귓전에서 울림으로 변한다. 그러면 내 안에서 다른 목소리가 만들어진다. 어디부터 어디까지가 나인가요. 나의 내면으로 걸어가면서 탐사를 한다. 덕봉산 쪽 반달 모양의 백사장이 다할 무렵 외나무다리를 만난다. 한 사람이 겨우 비껴갈 수 있는 외나무다리. 그 다리 위를 걸으면 못 잊을 추억들이, 경중경중 떠나버린 사랑이 유난히 도돌이표를 찍는다.

인근 초당 동굴에서 발원한 마읍천을 건넌다. 맑은 담수와 바닷물이 만나는 기수지역. 마읍천에는 가장 깨끗한 생명체 송어가 살고 있다. 저 냇물에 빛이 내리면 아득한 시간이 현실로 돌아와 새파란 꿈이 되어 흘러간다. 그렇다. 무엇이든 계속 흘러간다. 숲이 우거진 덕봉산 해안생태 탐방로 덱 로드를 걷는다.

1968년 11월 2일 울진 삼척 지구 무장 공비 침투 사건 이후, 군 경계 시설이 들어서며 장장 53년 동안 일반인의 출입이 금지되었다가 2021년 개방, 덕봉산 해안생태 탐방로가 탄생했다. 빛이 이끄는 대로 걷는다. 파도는 쉬지 않고 밀려와 하얀 물거품으로 부서진다. 마치 거대한 철새처럼 떠 있는 기암괴석들. 돌출한 맹방 전망대에서 멈춘다. 이미 걸어온 맹방해변 삼척 제1의 해수욕장. 조개들이 잠자는 백사장. 산림욕을 할 수 있는 울창한 해송 숲. 하늘이었다가 바다이었다가 어느샌가 두근거리는 경치가 되는 황홀한 현장감.

대동여지도를 보면 덕봉산은 본래 섬이었다. 후에 퇴적층으로 육지와 연결되었다. 덕봉산 유래는 이렇다. 덕봉산 모양이 물더덩(물독의 방언)과 흡사하여 '더멍산'이라는 속칭으로 불렸는데, 이걸 한자로 표기하면서 덕번산으로 불리다가 현재의 덕봉산이 되었다고 한다.

53년간 일반인 출입이 금지되었던 곳

덕봉산에는 자명죽 설화도 있다. 덕봉산에 스스로 우는 대나무가 있었다. 이웃 맹방리에 사는 홍건이라는 사람이 산신에게 기도 후 자명죽을 찾아내었다. 조선조 선조 5년(1572년) 별시가 있었는데 이 자명죽을 화살로 사용해 무과에 급제하였다고 한다. 그냥 빙 둘러서 걷다가 정상으로 가는 덱길을 만나면 거기로 오르면 된다. 해발 54m에 불과한 넉봉산 정상이지만 사방이 조망되는 탁 트인 전망대이다. 천국의 계단에서 사방을 둘러본다. 정말 아름답고 기가 막힌 경치다. 뒤로는 산맥이, 우로는 맹방해변이, 좌로는 덕산해변이, 앞에는 바다가 하늘에 맞물려 있다. 저 자연이 빚은 미의 세계에 깊이 들어간 후, 몰입해 버린 그 순간순간이 모두 환희다. 그리고 나 자신을 그냥 바라보게 하는 긴 호흡이 있다. 수려한 경관은 그만큼 언어가 닿을 수 없는 차원의 시공에 있다. 꿈꾸다 잠이 덜 깬 얼얼한 기분으로 이곳을 떠나 초곡으로 간다.

인근에 있는 초곡은 작지만 아늑한 항구다. 갈매기가 이마 위로 날고 있다. 막바지 겨울이 만져지는 경이로운 2월이다. 어판장에는 대나무에 걸린 물고기가 나란히 풍욕을 하고 있다. 비린내 풍성한 가게 건어물의 퀭한 눈은 파도 무늬로 자수를 놓았다.

흰 등대를 보며 지나가자 초곡 용굴촛대바윗길 입구 조형물이 보인다. 60년간 일반인 출입이 통제되었다가 2019년 7월 12일 길이 열렸다. 예산 93억 원을 투자하여 군 철조망을 걷어내고 해안절벽 따라 덱길을 만들었다. 안으로 들어갈수록 비경이 출현한다. 해변은 기암괴석과 바다의 독특한 지형이 뒤엉켜 떨림과 설렘을 발길에 깔아준다. 이내 제1전망대에 도착한다. 바위에 우뚝 솟은 전망대. 초곡 용굴촛대바윗길의 윤곽을 볼 수 있는 위치이다. 이전에는 배를 타지 않고는 접근이 되지 않았던 숨은 명소였다. 바다에 널려 있는 작고 큰 바위에 파도가 흰 나비 떼처럼 달려들어 하얗게 부시져 내린다. 찰나지만 영원이다.

초곡 용굴촛대바윗길

덱길을 따라간다. 출렁다리가 나온다. 움푹 들어간 해안 절벽을 이어준다. 다리 가운데 강판 투명유리가 있어 겨울 바다 남색 파도가 망막에 두려움으로 밀려온다. 다리가 후덜덜 떨린다. 모퉁이를 돌아가자 기암괴석의 향연이 펼쳐진다. 베일에 싸여 있던 촛대바위가 마침내 그 수려한 자태를 드러낸다. 동해 추암 촛대바위와 쌍벽을 이룬다는 초곡 촛대바위. 파란 잉크를 풀어 놓은 것 같은 바다. 아찔한 해안절벽. 작은 바위섬에 철썩이는 짙푸른 파도. 동해의 해금강이란 명성이 빈말이 아니었다.

거북 바위, 사자 바위, 피라미드 바위도 감탄이 쏟아지는 비경이다. 가히 바위의 사파리다. 적절한 표현을 찾기 어려운 핫플레이스다. 시간에 따라, 방향에 따라, 빛에 따라 바뀌는 마술의 경치. 무언가 말을 해 주려는 촛대바위의 보이지 않는 촛불. 누가 저 촛불을 켜서 우리의 영혼을 밝혀 주지 않으려나.

여기서 덱길이 마무리되는 용굴이 보인다. 낙석으로 더 들어갈 수 없도록 막아 놓았다. 용굴에는 전설이 있다. 가난한 어부가 꿈에서 계시를 받고 바다로 나가 죽은 구렁이를 찾아낸 뒤 용굴에 정성껏 제사를 지내자 죽은 구렁이가 살아나 용이 되어 승천하였다. 그 보은으로 어부는 풍어를 누리고 살았다는 것이다. 이제 선조들의 의식을 지배해 온 상상과 전설은 아득히 사라져 메아리가 되고 있다. 6·25 사변 때 초곡 마을 주민들이 배를 타고 용굴로 피란하였다는 아픈 이야기도 전해진다. 되돌아 나오면서 한 번 더 절경을 따라 걷는다. 지나온 발자국 위에 새로운 발자국을 찍는다.

초곡항으로 나오니 2월의 해가 설핏하다. 어디라도 삶의 현장은 생동감이 있다. 초곡 앞바다에는 자연산 문어·전복 등 중요 해산물이 많이 서식한다. 이걸 따기 위해 제주도에서 건너온 해녀들이 살고 있다. 해녀들은 물질로 생활을 꾸려간다.

몬주익의 마라톤 영웅 황영조의 어머니도 제주도 출신 해녀였다. 국민의 가슴에 자부심과 환호를 심은 영웅의 심폐 기능은 일반인의 1.5배 이상 수준이었다고 한다. 어머니의 유전인자를 물려받은 것이다. 어머니의 숨비소리 속을 달리는 황영조, 고통을 거치지 않고 닿을 수 있는 영광은 없을 것이다. 그토록 즐거웠던 하루였지만 돌아가는 길, 서서히 어두워지는 저녁 회색의 바다가 슬퍼져 숨죽여 울음을 참는다.

깊은 골마다 아리랑 구슬픈 가락이 절절
정선 가리왕산과 오일장 트레킹

정선 하면 정선 아라리가 메타포다. 그때 관광버스 앞 화면에는 정선 아라리가 방영되고 있었다. 정선 가리왕산, 오일장 트레킹 가는데 정보를 미리 보여주는 것이다. 달덩이 같은 얼굴에, 다감한 표정으로 아라리를 부르는 명창의 이름을 지금은 잊었지만, 그분의 아라리 노래는 한과 슬픔을 뿌리면서 동강의 물처럼 구성졌다. 아라리는 타지방 아리랑보다 비교적 느리고 단조로운 9/8 박자로 불리고, 그 노랫말 알레고리는 이러했다.

…정선 읍내 일백오십 호 몽땅 잠 들여놓고서, 이호장네 맏며느리 데리고 성마령을 넘자. 아우라지 뱃사공아 배 좀 건너 주게, 싸리골 올 동백이 다 떨어진다. 떨어진 동백은 낙엽에나 쌓이지, 잠시 잠깐 님 그리워 나는 못 살겠네. 수수밭

삼밭을 다 지내놓고서, 빤빤한 잔디밭에서 왜 이렇게 졸라. 아우라지 건너갈 때는 아우라지더니 가물재 넘어갈 때는 가물 감실하네. (후렴) 아리랑 아리랑 아라리요. 아리랑 고개 고개로 나를 넘겨주게.

정선 아라리는 가장 늘어지게 부르는 긴 아라리, 이보다 경쾌하게 부르는 자진 아라리, 앞부분은 사설로 엮어 나가다가 나중에 늘어지게 부르는, 즉 아라리의 가락으로 되돌아가는 엮음 아라리가 있다. 아라리 노래는 계속 이어진다.

…시누야 올케야 말 내지 말게 삼밭 속의 보금자리는 내가 쳐 놓았네. 간난 아버지 길 떠나신 줄은 번연히 알면서 간난 아버지 어데 갔느냐 묻기는 왜 문나. 정선읍내야 백모래 자락에 비오나 마나, 어린 가장 품 안에서 잠자나 마나. 개구리란 놈이 뛰는 뜻은 멀리 가자는 뜻이요, 히쓱 해쓱 웃는 뜻은 정 주자는 뜻이라. 우리야 연애는 솔방울 연앤지, 바람만 간시랑 불어도 똑 떨어진다. 기름불 꺼질라고 가물 감실하는데, 기름 수대 가지러 간 년에 그대 당신 죽었네. 시어머니 산소를 까투리 봉에 썼더니, 아들딸 낳는 쪽 쪽 콩밭 골로 가네. (후렴)

정선 아라리는 긴 음이 없고, 최고 음과 최저 음의 음폭이 작아 선율의 변화가 미미하다. 이러한 것은 리듬보다 아라리 가사에 중점을 둔 것으로, 가사 속에는 첩첩 산속에 묻혀 사는 한탄, 세상을 등진 신세타령, 산골로 시집보낸 부모에 대한 원망, 살아가는 일의 덧없음, 남녀의 애틋한 사랑, 은밀한 불륜의 애정, 시부모의 간섭에 대한 저항 등 노래의 내용이 다채롭고 해방감이 있다.

그중에도 같은 또래가 산속에서 꼴을 하거나 나물을 뜯거나, 노는 자리에서 은밀히 불렀다는 어리거나 나이 든 남편과의 성적 불만, 총각 처녀의 탈선적인 애정 행위, 유부녀 유부남의 외도 등 빗나간 성행위를 내용으로 한 노골적인 아라리가 뜻밖에도 한 줄기를 이뤘는데, 이 노래들이 비천하거나 추잡하기는커녕, 도리어 싱싱하고 살아있는 생명력으로 넘쳐나는 밝고 감동적인 노래였다.

정선에 사는 누구라도 돌려 가면서 부를 수 있고, 밭매면서, 소먹이 하면서, 나물 뜯으면서, 나무를 하면서 흥얼거리는 노래는 정선 아라리뿐이었다. 정선 아라리는 그만큼 쉽고, 내용이 가슴에 닿고, 부르면 부를수록 새로운 흥이 아라리 가락에 불을 지피는 것이다.

그 강원도 산골 중에서도 오지인 정선, 버스는 가리왕산 주차장에 시나브로 도착한다. 가리왕산은 정선의 진산이며, 산이 높고 웅장한 육산이다. 옛날 맥국貊國의 갈왕이 이곳에 피난하여 성을 쌓고 머물렀으므로 갈왕산이라 부르다 일제 강점기에 가리왕산으로 고쳐 불렀다.

알파인 플라자를 지나 정선 가리왕산 케이블카 숙암역에서 승차를 한다. 가리왕산 케이블카는 2018년 평창 동계올림픽 알파인 스키 경기가 개최된 경기장 시설이었다. 평창 동계올림픽이 성료되자, 2019년 1월 3일 산림청은 강원도에 철거 명령을 내렸다. 이 소식을 접한 정선 군민들이 철거 반대 운동을 하여, 2021년 6월 정부가 가리왕산 케이블카를 3년 한시적으로 운영하도록 결정하고, 2024년 12월 31일까지 운영 후 존치 여부를 다시 결정하기로 했다. 이에 정선군은 2022년 12월 한 달 동안 군민의 시험 운행을 거쳐 2023년 1월 3일부터 일반 관광객을 맞이하였다. 나이 든 어르신에서 어린이까지 교통약자들도 단 20분 만에 해발 1,381m의 가리왕산 하봉 정상에 올라, 천지가 탁 트여 동해까지 조망되는 파노라마 경관을 볼 수 있는 곳이다.

케이블카가 고도를 높여간다. 고산 숲이 수해를 이루고 있다. 근데 이 무슨 조화냐. 산 중턱부터 안개가 자욱하다. 그 짙은 안개 속으로 케빈이 오른다. 상부 승강장에 도착하니 가시거리가 짧아 더듬거리며 덱길로 나와 전망대를 걷는다. 그러나 안개는, 시간이 유령으로 나타난 것이다. 저 안개 속으로, 그 너머로 가리왕산의 풍경이 신비하게 피어나고, 그 무대 뒤에 숨어버린 기억들이 다시 운무와 산의 실루엣으로, 산 그리메를 그리며 살아난다. 그 순간에도 시간은 먼 미래로 흘러가면서, 한 세상의 소멸과 탄생을 반복한다. 지금 나의 기억에서 운무에 덮인 신화의 가리왕산이, 마르크 샤갈의 몽환적인 화폭처럼 클로즈업되는 것은, 그 기억이 미래로 흘러가면서 터치한 상상의 블랙홀에 홀딱 빠져버린 탓일 것이다.

끝자리 2·7일마다 열리는 정선 오일장

가리왕산을 떠나 정선 오일장으로 향한다. 정선에 도착한 우리는 배가 고팠으므로 곤드레 명가로 들어가 자리를 잡았다. 곤드레밥이 나오기까지 시간이 있어, 안내를 맡은 서덕웅 씨가 가리왕산이 들어가는 아라리 몇 곡을 더 불러주었다.

…가리왕산 산천이 돈더미만 같다면, 조선 팔도 보이는 처녀는 다 내 차지 아닌가. 가리왕산에 실안개 도는 건 눈비나 줄나구 돌지만, 이산 두메 뜬 색시야 누구를 홀릴라구 떴나. 가리왕산 갈까마귀는 까왁까와 짖는데, 정든 님 병환은 점점 깊어만 가네. 가리왕산 곤드레 딱주기 다 시어 자빠지나마, 요 방중에 계시는 어른들 부디 늙지 마세요 …

가락과 가사 자체의 서정성과 다양성이 탁월하다. 심금을 울리는 정선 아라리, 들을수록 몰입되는 아라리 가락, 그 깊은 골 노래의 여운이 절절하다. 정선 아라리는 들으면 또 다른 현실과 만나기도 한다. 나의 꿈과 풍성한 내면에서 상상할 수 없는 즐거움, 비견할 수 없는 환희가 나를 형해화한다. 바람이 불면 밭에서 술 취한 사람처럼 곤드레만드레 비틀거린다는, 그 곤드레 비빔밥으로 허기를 채운다.

오일장은 지척에 있어 아라리 가락으로 걸어서 시장으로 간다. 정선 장은 우리나라 대표 전통시장이다. 끝자리가 2·7인 날에 개장하는데 이곳 주민은 물론 전국 각지에서 찾아온 여행객들로 북적거린다.

오일장 음식으로는 콧등치기국수, 감자옹심이, 곤드레나물밥, 메밀국죽, 올챙이국수, 황기 닭백숙, 메밀전병 등 별식이 있다. 여니 잡화점에서 서덕웅 씨의 지인을 만나, 아라리 한 곡조만 불러보라 청했더니 주저 없이 "…영감아 꼭감아 말 잘 들어라, 보리방아 품 팔아서 떡 해다 줌세. 날마다 부지깽이로 날 때리던 시어머니 공동묘지 오시라고 호출장이 왔어요. 고치밭 한 고랭이도 못 매던 저 여자가, 이마 눈썹을 매라고 하니 여덟 팔자로 매네" 하고는 훨훨 웃는다. 그의 웃음은 날개가 되어, 아리랑 고개 고개로, 우리 모두를 넘겨 주었다.

3부

오래된 거리로 떠나는 시간여행

조선 왕릉, 고구려 마을 시간여행
구리 동구릉과 고구려 대장간 마을

겨울 하늘이 우중충하다. 흐린 날씨로 경기도 구리시의 풍경까지 스산하다. 겨울에는 눈이 와야지 제맛이 나는데. 눈은 고사하고 미세먼지가 먼저 왔다. 그래도 눈이 오는 상상은 산타의 소포처럼, 겨울의 애달픈 사랑과 흰 추억을 펑펑 쏟아지게 한다. 저 북쪽의 바람과 흰 눈을 타고 백석의 시詩도, 자작나무 숲의 환상도, 북극의 오로라도 시부저기 흘러왔는데, 흰 눈이 없는 겨울동화는 그야말로 재채기 나는 찬 바람일 뿐이다.

동면하는 꿈과 환상이 없어진 겨울은 얼마나 황량한가. 눈 덮인 장독대에서 꺼내먹는 동치미 없는 겨울은 얼마나 맛없고 시답잖은가. 그게 어찌 겨울일 것인가. 을씨년스러운 저 겨울 풍경에서, 나는 나의 어린 시절 추억을 담은 흑백사진을 도저히 찾을 수 없다. 설사 눈이 오더라도 양푼

이에 흰 눈을 담아 사카린을 풀어 빙설을 만들어 먹던, 그 아련한 낭만과 재미는 벌써 없어져 버렸다.

눈도 산성 눈이라 금굴 속의 카나리아처럼 인간의 위험 신호가 되고 말았다. 그러나 만약 역사의 현장에서 나를 열고 그 안으로 걸어간다면, 눈이 오는 상상이 날개를 달면서, 잃어버린 필름을 되찾는 기회가 올지 모른다.

살아 있는 문화유산 동구릉

구리시 동구릉 들머리에 있는 역사문화관에서 그 사적을 읽는다. 동구릉은 '동쪽에 있는 아홉 기의 능'이라는 뜻이다. 조선 왕실 최대 규모 왕릉군이다. 1408년 조선을 건국한 태조 이성계의 건원릉이 처음 조성되었고, 이후 조선 역대 여러 왕과 왕후의 능을 포함, 모두 9기의 능이 조성되어 있다. 조선 전기부터 후기까지 다양한 형식의 능이 만들어졌는데, 왕이나 왕후의 봉분을 단독으로 조성한 단릉單陵, 왕과 왕후의 봉분을 나란히 조성한 쌍릉雙陵, 하나의 정자각을 두고 서로 다른 언덕에 왕과 왕비의 능을 각각 조성한 동원이강릉同原異岡陵, 왕과 왕비를 하나의 봉분에 조성한 합장릉合葬陵, 왕과 두 왕후의 봉분을 나란히 조성한 삼연릉三連陵이 옴나위없이 한자리에 있어, 다양한 형태의 왕릉을 볼 수 있다.

조선 왕릉은 인류의 문화유산으로 뛰어난 가치를 인정

받아 2009년 6월 30일 유네스코 세계유산으로 등재되었다. 519년의 역사를 지닌 조선은 유교를 통치이념으로 삼았다. 조상에 대한 숭모崇慕와 존경尊敬을 매우 중요한 가치로 여긴 조선은 역대 왕과 왕비의 능을 엄격히 관리했다. 그리하여 42기의 능 어느 하나라도 훼손되거나 인멸되지 않고 모두 제자리에 완전하게 보존되었다. 조선 왕릉은 우리의 전통문화를 담은 독특한 건축 양식과 아름다운 자연이 어우러진 공간으로 600여 년 전의 제례祭禮가 오늘날까지 이어져 내려오고 있는 살아 있는 문화유산이다.

 동구릉 안으로 걷는다. 곧이어 재실齋室이 나타난다. 재실은 제향을 지내는 데 필요한 모든 준비를 하는 곳이다. 능이 많아 동구릉의 으뜸인 태조 이성계의 건원릉健元陵으로 먼저 간다. 전주 이씨만 건널 수 있다는 금천교를 지나고, 여기까지가 진입공간이다. 능마다 있는 홍살문부터 제향 공간이다. 우측 배위를 지나, 정자각까지는 혼령의 길인 향로香路와 임금의 길인 어로御路가 있다. 조금 높은 데 있는 정자각을 오르는 계단도 두 개다. 우측은 사람이 오르는 계단이고, 좌측은 혼이 오르는 계단이다.

 계단을 오를 때에는 먼저 오른발을 올리고 왼발을 오른발에 붙인다. 내려갈 때는 반대로 한다. 정자각은 제향시 제물을 차리는 곳이며, 향을 피워 혼魂을 부르고 술을 부어 백魄을 부르는 곳이다. 사람이 죽으면 혼魂은 하늘로 가고,

백魄은 땅으로 가기 때문이라고 한다. 바로 '혼비백산魂飛魄散'이다. 그러므로 죽은 이의 혼과 백을 모두 불러야, 비로소 조상의 혼백을 모시는 것이다. 정자각은 산사람과 혼백이 만나는 공간이다. 정자각 뒤로 돌아간다. 예감과 산신석, 축문을 태우던 소전대도 관람한다. 그 위로는 능침 공간, 즉 혼령이 머무는 곳이다. 무석인 문석인 능침 곡장이 시선을 사로잡는다.

태조의 능에는 억새가 우거져 있다. 말년에 고향을 그리워하며 그곳에 묻히기를 원했던 태조를 위하여 태종이 태조의 고향 함경도 영흥의 흙과 억새를 가져다 건원릉 봉분에 심었다는 이야기가 전해온다. 나머지 능도 구조가 대동소이하다. 목릉, 휘릉, 원릉, 경릉, 숭릉을 탐방하고 되돌아 나와 들머리 반대편에 있는 수릉, 현릉까지 답사한다.

왕이든 백성이든 죽으면 흙으로 돌아간다. 흙은 우리 모두의 피와 살 뼈이고, 영원한 고향이다. 흙에서 나서 자라고 사라지는 것들. 그리고 피고 지는 모든 것들, 덧없다. 덧없이 피고 지고 하다가 흙으로 사라지는 것이, 너와 나의 생명이다. 그렇다. 그 흙을 밟으며 창세기의 구절을 다시 꺼내 보고 싶다. 성경은 탄생과 죽음에 관한 신호와 상징으로 가득하다. 잘 자란 소나무와 잡목이 고흐의 그림처럼 영성으로 표현되는 동구릉 길도, 죽음과 혼령을 느낄 수 있는, 그 신호와 상징이 곳곳에 가득했다.

고구려 대장간 마을

오늘은 역사의 흔적을 찾아가는 시간여행이 키워드다. 구리시 아차산자락에 있는 고구려 대장간 마을에 도착한다. 고구려 대장간 마을은 구리시 공립 박물관이다. 그 무엇보다 소중한 천금 같은 고구려 유적을 전시하는 마을이다. 먼저 야외 전시장을 둘러본다. 고구려 벽화를 토대로 상상을 더해 만든 것으로, 고구려의 뛰어난 철기문화를 보여주고자 직경 7m의 물레가 있는 대장간과 집을 만들어 대장간 마을을 재현하고 있다. 마을은 북방의 억센 기개를 잘 나타내듯이 집들이 엉버틈하고 기운차다.

마을을 한 바퀴 돌고 나서 아차산 고구려 유적 전시관으로 들어간다. 아차산 고구려 유적 전시관은 5세기 후반부터 6세기 중반까지 고구려 군사유적인 아차산 보루군에서 출토된 유물과 아차산 4보루 모형이 상설 전시되고 있다. 아차산 4보루에서는 다양한 종류의 토기와 명문 토기가 출토되었고, 무기류, 마구류, 농기구류 등의 철기도 출토되었다. 오절판, 명문접시, 몸통 긴 항아리와 철제 투구, 철제 등자와 재갈 도끼가 보이는데, 녹이 많이 슨 이 유적들은 녹만 제거하면 지금도 사용할 수 있는 아주 질이 뛰어난 철기라고 한다. 지금 포항제철소에서 제철한 쇠 중 가장 질이 우수한 제철과 비교해 보면 강도·질이 비슷하다는 것이다. 그중 쇠솥과 쇠솥을 덮고 있는 항아리는 아주 아름답고 인상적이었는데, '고구려 무사들이 쌀을 쪄서 진밥을 해 먹었다'는 유물이라고 한다.

아차산 일대 보루군은 남한 최초의 고구려 유적지이고, 남한 내의 대표적인 군사 유적으로 풍납토성과 몽촌토성, 한강 이남 지역과 중랑천, 왕숙천 일대를 조망할 수 있는 전략적인 요충지이다. 고구려가 5세기 후반 한강 남쪽까지 진출한 후 551년 신라와 백제에 의해 한강 유역을 상실하기까지 한강을 중심으로 전개된 삼국의 역사를 간직한 유적임이 인정되어 2004년 국가지정 문화재가 되었다. 아차산 이름은 조선 명종 때 유명한 점쟁이 홍계관의 죽음과 관련되어 있다고 한다. 고구려 대장간 마을은 대한민국 역사 문화 콘텐츠의 중심에 서면서 드라마·영화 촬영 장소, 체험 장소가 되었다. 〈태왕사신기〉, 〈선덕여왕〉, 〈바람의 나라〉, 〈자명고〉, 〈쌍화점〉, 〈계백〉, 〈신의〉, 〈역린〉, 〈사임당 빛의 일기〉, 〈안시성〉 등이 여기서 촬영되었다. 우리 곁에 살아 숨 쉬는 고구려를 보고 느끼고 체험하는 역사적인 공간이 고구려 대장간 마을이다.

겨울 햇살 아래 솟아나는 온천수 김
창녕 부곡온천 둘레길

문명병에 시달리는 현대인은 피로하다. 겨울철이 되면 시나브로 더 피로하다. 미세먼지가 잦고, 이상기후로 독감이 유행하며, 스트레스와 만성피로를 불러온다.

설날을 지나니 명절 증후군까지 스트레스가 되어 심신이 곤장에 맞은 것 같다. 이렇게 아스스한 몸을 온천욕으로 풀면 명약이 되는 거다. 대구 인근 경남 창녕 부곡온천장으로 출발한다. 부곡은 사방이 수려한 산이다. 트레킹 로드가 오소소하다. 먼저 트레킹 로드를 걷고 입욕할 예정이라 원탕 앞에 있는 안동슈퍼에 들러 이 지역 트레킹 로드를 물어본다.

가마솥 닮은 지형
주인 김성규 씨는 본관이 안동 김씨이고, 부곡에서 대대로 살아온 토박이 터줏대감으로, 이 지역의 향토사와 지리를 꿰차고 있었다. 트레킹 로드를 찾는 물음에 그는 흔쾌히 안내를 자청한다. 고마운 분이다. 부곡은 지형이 가마솥을 닮았고, 따뜻하여 거주지로서는 안성맞춤이라 한다. 유황온천 사우나를 자랑하는 원탕 옆, 온천각 공원에서 부곡 온천비溫泉碑를 찾아본다. 비문에는 "…동국여지승람과 동국통감 고려기에 영산온정이 기록되어 있어 오래전부터 부곡에 온천이 있었음을 알 수 있다. 이 마을(온정리)에는 옴 샘이라고 이름 붙여진 뜨거운 물이 솟아나는 우물이 있다는 소문이 전국에 전해지면서 옴 환자와 나병 환자들이 떼지어 와서 치료하였다."라고 돼 있다.

　옛 기록으로 볼 때 부곡 수질이 다른 온천보다 뛰어났음을 알 수 있다. 부곡온천이 개발된 것은 신현택 씨에 의해 1973년 1월 10일 발견된 이후이며, 특히 국내 최대 규모와 최고 온도 78℃의 알칼리성 유황온천으로 피부병, 위장병, 신경통, 고혈압 등 질병에 탁월한 효과가 있다고 알려져 있다. 또 물이 매끄러워 피부미용에 아주 좋아 1997년 1월 관광특구로 지정됐다. 연간 평균기온이 가장 따뜻하고, 78℃의 강 알칼리 온천수가 하루 6,000t씩 솟아나는 부곡이 운동선수들의 전지훈련 장소로도 더할 나위 없이 좋다고 한다.

　눈자위가 아롱아롱하다. 겨울 햇살이 떨어지는 흙마다

온천수 김이 솟아나는 것 같다. 작고 예쁜 교회를 지나고, 역시 작고 아름다운 좌우 못을 지난다. 원래는 한 못이었는데, 못 가운데로 길을 내어 두 개의 못이 되었다. 두 개의 맑은 물에는 하늘의 구름이 잠겨 겨울의 흰 장미처럼 피어 있다.

1864년 지은 고풍스러운 영모재 재실

겨울바람이 분다. 바람은 자동센서가 되어 내 마음을 열어준다. 발자국마다 '내면의 나'가 나타나 같이 걷는다. 길은 도道다. 길은 사무치는 감동이다. 사람은 죽어서도 길을 간다. 저승길이다. 마른 풀들이 해바라기 하는 곳을 지나자, 영모재永慕齋라는 이름의 재실이 나타난다. 재실 뒤로 왜송과 수백 년 된 소나무가 우거져 그윽하고 오보록한 풍경을 만든다. 재실齋室 안으로 들어간다. 기와도 조선식 암수 기와이고 담도 흙과 돌을 층계로 쌓아 얼마나 고풍이 넘치는지. '영모재'라고 불리는 이 일자 기와집은 을축년(1864년, 고종갑자년)에 지었다. 지금부터 약 156년 전이다. 그 후 1924년 봄에 재실의 원형은 보존하면서 일부를 중수하였다. 말하자면 조선 후기의 재실 건축 양식이 고스란히 남아 전해오는 아주 희귀한 건물이다.

세월의 이끼가 배어있는 재실은 검박하고 제례를 준비하는 공간으로 정연하게 보인다. 영모재 천장과 상량에 편액과 현판이 10여 개 걸려있다. 그중 영모재 중수기가 간명해 요약해 본다.

…영취산 한줄기가 동쪽으로 나와 종암산(宗巖山)이 되고 다시 구불구불 뻗어 검은산(劍隱山)이 되는데, 산 숲이 깊고 마을이 그윽하니 학문(學文)을 이루고 예(禮)를 지킬 만한 곳이다. 우리 어락정 선조, 즉 안동 풍천 병산리에 어락정(魚樂亭)을 지었던 김순(?~1559)의 증손인 김인상(1557~1592)이 임진란(壬辰亂)에 순절하신 뒤로 집안이 고난을 겪었다. 그의 증손 휘(諱) 필광(必光)이 예안의 서촌에서 칠곡의 교촌으로 우거하였다가 영산현으로 이주하게 되었다. 다시 필광의 증손 세 분에 이르러 드디어 문호가 크게 되었는데, 막내 동추(同樞) 곡암공(谷巖公) 이중(履重) 묘소가 그 중턱에 있다. 지난 고종 갑자년(1864)에 현손(玄孫) 홍균(弘均)이 작은 재사(齋舍)를 지어 먼 조상을 추모하는 감회를 깃들이고 영모재라고 편액을 달았으니 대개 선영에 성묘하고 제사를 드리는 바탕을 삼은 것이다.

알기 힘든 한문을 이렇게 해독하니 그 뜻이 무궁하다. 제사는 공자의 유학에서 온 것인데, 제례와 학문을 인간의 최고 가치로 하고, 붉은 예절의 정신을 이어 온 것이다. 영모재는 창녕군에서 가장 오래되고 훼손이 적은 재실이라고 김성규 씨는 덧붙인다. 장차 잘 보존하면 전통제례 관광자원이 될 수도 있다는 것이 그의 해설이었다.

검은산 자락길로 걷는다. 수백 년 된 소나무 숲이 오후의 햇살에 홍살문을 만든다. 우금을 올라 태철암에 닿는다. 패널식 암자다. 여기서 기도하면 아들을 낳는다 하여 멀리서도 찾아온다고 한다. 약수는 물맛 좋기로 유명하다. 마셔 보니 과연 달디달다. 겨울임에도 입술이 달착지근한 명수다. 그런 탓인지 신령스러운 기운이 감돈다.

잠시 숨을 돌리고 체육시설을 지난다. 고개티를 올라 뷰포인트인 큰 고개에 이른다. 새들에는 길이 세 개다. 바로 넘어가면 밀양시 무안면으로 간다. 왼편으론 영산으로 넘어가는 종암산이 보이고, 오른편은 덕암산으로 해서 내려가는 트레킹 로드다. 올랐던 길을 되돌아 직진한다. 그러면 거문리 마을로 가는 올레길이 된다. 낙엽과 나목, 간혹 불어오는 바람에 홀기笏記 소리가 들리는 것 같다.

누구라도 고향에서 자신의 뿌리를 찾고, 이웃과 고락을 나누면서 사는 것이야말로 진정한 삶이 아닐까. 우리는 뭘 어떻게 하겠다고 객지로 나가 떠돌며 방황하고 있는가. 마치 고향처럼 여겨지는 트레일을 걸으면서 회한과 속절없는 세월에 한탄한다. 어디서 산새 울음이 들린다. 이제 소리도 볼 수 있는 나이가 되었다. 관음觀音이다. 이렇게 적요한 산속에서 나는 이제 나의 숨소리도 볼 수 있게 되었다.

거문리 서쪽 장군산 자락에 있는 정충각에 도착한다. 정충각은 상기에서 진술한 의사공義士公 김인상의 정려旌閭를 기리기 위한 각閣이다. 정충각의 비문을 요약해 본다.

…김인상(1557~1592)의 본관은 안동(安東)이고 자는 시백(時伯), 호는 학산(鶴山)이다. 임진년에 유종개 등과 의병(義兵)을 일으켰다. 김인상은 춘양 소천(노루재)에서 왜군의 침입을 막고 있던 중 적이 대군을 몰아 한꺼번에 쳐들어 옴에 끝까지 창검으로 수많은 적을 무찔렀다. 그러나 마침내 왜적에게 생포되어 낯가죽이 벗겨지고 뼈를 쪼개 높은 나무에 머리를 거꾸로 매달아도 굴하지 않고 오히려 적을 크게 꾸짖으며 36세로 장렬히 전사했다. 이에 조정에서는 삼강록 충신전에 싣게 하고, 고향 안동 풍산 상리마을에 정려각을 세우게 하였으니, 상리마을 삼강당 칠정각에 공은 충신으로 여섯 분의 효자 열녀와 더불어 위령제향하고 있으며, 선조께서 친필로 창의 충절을 기리는 만사를 내렸다.

그 후 그의 후손들이 정려각만을 부곡으로 이건하였다. 이런 스토리텔링과 유적 및 유물의 체험을 통해 되살아나는 선조의 피와 뼈는 한국인의 영원한 정신이 되어 대를 이어 갈 것이다.

추억의 긴 골목길
대구 중구 근대로의 여행

6월은 동족상잔의 최대 비극인 6·25전쟁이 터진 달이다. 6·25를 겪은 세대의 여름은 늘 가슴이 방망이질하고 피란 행렬, 상이군경, 영양실조로 번진 버짐이 얼룩반점을 그리는 아이들이 눈자위에 아롱거렸다. 그 어두웠던 시대의 밤에는 별조차 별 떡으로 보였다. 어디 그뿐이겠는가. 사람 목숨이 파리 목숨보다 못한 전쟁 중에서도 인간애가 넘쳐났기에 백성들은 애면글면 살았고, 그 길고 먼 고통의 날들을 건널 수 있었다.

그 몽롱한 6월의 환상이 사라지자 태양의 열기에 주눅든 7월의 도시 빌딩들이 보인다. 그 공간 사이 어딘가에 피어 수채화가 되는 푸른 숲과 꽃. 문화재 보존과 아늑한 공간으로 다시 태어난 대구의 경상감영공원. 지난 400여 년 영남의 심장부였다. 지금은 도시 생활에 찌든 피로와 스트레스를 풀어주는 쌈지 공원이 되었지만 경상감영 안내도를 보고 가락을 뗀다. 돌아서면 '절도사 이하 개 하마' 라 새겨진 하마비下馬碑가 있다. 이 비는 조선 시대 경상감영 정문인 관풍루 앞에 있던 것으로 병마절도사 이하 관직은 말에서 내려 출입하라는 표지석이다. 병마절도사란 도의 병권을 맡은 책임자로 대개 종이품관인 관찰사가 겸임했다.

안내도를 따라가면 '시민의 나무 조각상' 이 있다. 대구시목大邱市木인 전나무와 대구시조大邱市鳥인 독수리를 형상화하고 그 아래 대구시민들의 사랑과 화합을 상징하는 아기를 안고 있는 모자상을 조각해 놓았다. 눈길만 스쳐도 어마한 대구의 명예를 느낀다.

경상감영과 천재 화가

선화당宣化堂(대구시 유형문화재 1호)으로 발길을 옮긴다. 선화당은 '임금님의 덕을 선양하고 백성을 교화하는 건물' 이란 뜻이다. 즉 관찰사가 지방에 내려가 선정善政을 펼치라는 큰 의미가 담겨 있다. 감영에는 선화당, 징청각澄淸閣, 내아인 응향당, 중군中軍이 집무하던 응수당, 별무사의 관덕당 등 다수 건물이 있었으나 지금은 선화당과 징청각만 남아 있다. 경상감영은 과거 경북 안동에 있었는데 경상좌우도가 1601년 통합되면서 관찰사 김신원이 대구로 옮겨 왔다. 그 후 선화당과 징청각은 세 차례나 화재를 입었다. 지금의 건물은 1807년 경상도 관찰사 윤광안이 중건하여 내려오다 1970년 중앙공원 조성 시 원형을 옛 모습대로 보수한 것이다. 정청인 선화당이 남아 있는 곳은 충청, 강원, 경상 셋뿐이라고 한다. 소중한 문화유산이 아닐 수 없다.

징청각(대구시 유형 문화재 2호)으로 간다. 관찰사의 살림집인 징청각도 선화당과 마찬가지로, 옛 원위치에 있다. 학계에서 발굴조사 결과 감영지가 확인됨에 따라 그 역사적 가치가 실증되었다. 이 공원은 그 터와 유적을 보존하기 위해 1970년 만든 것으로, 대구의 중심에 위치해 중앙공원으로 불리다가 1997년 경상감영공원으로 명칭을 바꾸었다. 이어 옛 장독대, 수레바퀴, 돌절구를 보고 선정비도 둘러본다. 선정은 수신修身에서 시작된다. 마음이 올바르고 정직한 정인正人이 아니고는 선정을 할 수 없다.

돌아 나오는데 대구가 낳은 천재 화가 이인성(1912~1950)의 1934년 작 〈가을 어느 날〉이 포스터에 걸려 있다. 엉너리치는 그림이 아니다. 이미지가 너무 강렬해서 한순간 숨이 멎는 듯했다. 한국에서 최초인 구상풍경화다. 그때까지 풍경화는 인물이 배경의 일부로 그려졌으나 이 작품은 인물을 주인공으로 한 화풍을 선보이고 있다. 억세면서도 강한 붓질, 조밀한 공간 구성, 열정적인 원색 사용, 두터운 마티에르 등 후기인상파의 기법에서 더 나아가 토속성이 묻어나는 색을 사용, 조선의 향토성을 나타낸 그림이다. 특히 맑고 푸른 하늘, 농염한 흙빛을 한 인물의 피부색, 그 짙은 검붉은 흙색에는 한국인의 심호흡이 되는 한과 은근, 끈기가 있다. 이쯤이면 그림도 예술의 최고봉에서 줄을 서는 철학과 인문학을 갖는다.

1944년 발표된 그의 대표작 중 하나인 〈해당화〉는 한국인이 가장 좋아하는 명작이다. 이인성은 1912년 8월 29일 대구 남성로의 한 가난한 집안에서 태어났다. 4남 1녀 중 차남이었던 그는 빈곤으로 수창보통학교를 겨우 마치고 17세에 일제 강점기에 미술전람회에서 입선했다. 뛰어난 그의 재능에 후원자가 나와 19세에 일본 유학길에 오른다. 낮에는 아르바이트하고, 야간부 미술학교에 다니며 쉬지 않고 출품해 많은 상을 받는다. 23세에 귀국해 작품 활동을 이어가다 1950년 11월 4일 6·25 전쟁 당시 음주 후 야간통행금지령을 어기고 귀가하다가 경찰이 쏜 오발탄에 38세의 젊은 나이로 요절한다.

보석 같은 골목 진골목

지척에 있는 대구근대역사관에 들렸다. '근대한국인의 얼굴(Modern Korean Faces)전'이 열리고 있었다. 우리 민족의 순수하고 후덕한 얼굴, 그 뚝배기 같고 청자 백자 같은 얼굴들. 근대 한국인의 얼굴은 무언의 의미를 준다.

거리로 나와 종로로 간다. 종로는 읍성의 여닫음을 알리던 종루鐘樓에 연원을 둔 거리다. 현재 우리는 무슨 종소리를 듣고 있는가. 빚의 올무에 걸려 허적거리고 공짜가 아닌데도 공짜같이 받아먹고 노예가 되는, 우리에게 누가 깨달음의 종을 울려 줄 것인가.

종로의 샛골목인 진골목으로 들어간다. 한국관광의 별이자 한국관광100선에 오른, 과거 현재 미래가 공존하는 대구 중구 골목 투어, 말하자면 보석 같은 골목으로의 시간 여행이다. 진골목은 '긴 골목'이란 뜻이다. 경상도 말씨로 '길다'를 의미하는 '질다'에서 따온 말이다. 골목길은 우리가 살아 온 역사이자 문화다. 골목길은 소중한 문화재이고 상상의 공간이다. 대구근대골목길 여행을 통해 잊힌 추억과 살아있는 옛 생활을 찾는다. 진골목은 대구 토착세력이었던 달성 서씨들이 모여 살았다.

일본식 붉은 벽돌로 쌓은 담장과 집의 건물들이 보인다. 일제 강점기를 거쳐 광복 이후에도 재력가 기업가들의 거주지로 알려졌다. 역시 붉은 벽돌로 지어진 양옥 건물, 정소아과 의원이 눈에 띈다. 이 건물은 1928년 대구에 최초로 지어진 서양식 주택이다. 그리고 팔능거사 서병오, 거부 서병국, 서우순 등이 살았던 집터와 고택들도 볼 수 있다. 근대의 성쇠가 얼락배락한 진골목에 미도다방이 있다.

미도다방은 한때 대구 정치인과 문인들의 명소였고 시인 전상렬의 단골 다방이었다. 근대 영화에 등장하던 영판 그 다방이다. 유명한 약차 값도 헐하다.

골목길은 이어진다. 어디서 옛 선조들의 발자국 소리가 들리는 듯하다. 시간이 흘러도, 갓 경험한 새파란 기억들이 물 위에 뜬 풀잎처럼 흘러가도, 진골목을 잊지 못할 것이다. 진골목이 끝나고 종로로 다시 나온다. 지나온 길이 마치 꿈속의 길처럼 아슴아슴하다.

한양 가는 과거길
인재와 물류의 대동맥, 영남대로

초겨울 낙엽이 거리에 굴러다닌다. 도심에도 겨울은 시나브로 왔다. 동아쇼핑 뒤 염매시장에 다닥다닥 붙은 재래식 가게들. 골목 입구 사시사철 뜨거운 어묵, 각종 튀김도 팔고 있다. 염매시장은 옛날부터 떡, 전, 폐백, 제사 음식이 유명했다. 골목으로 들어서자 찌짐 가게에 사람이 옹기종기 서 있다. 부추, 녹두, 배추, 파전을 즉석에서 구워낸다. 시장 사람을 빼다 박은 골목상가. 삶의 거울 희로애락이 있는 곳. 우리가 모르는 숨은 진기보물이 많다. 정감 가고 추억을 자극하는 골목을 지나면 현대백화점 뒷골목이다. 초밥집 몇 군데 중 '탱고초밥' 간판을 군눈으로 본다.
 탱고는 고흐의 자화상과 함께 나에게 슬픔의 미로다. 애절하면서도 관능적인 탱고 춤과 음악, 탱고의 고향 아르헨티나 라보카 부두, 유럽에서 이민 온 하층민들이 살던 곳,

유럽에서 온 매춘부나 아르헨티나 왔다가 이리저리 매춘부가 된 여자가 괴여 유곽이 생겼다. 그곳에 모여든 남자들이 창녀촌에 드나들고 술을 마셔도 그 막장에는 미쳐 버릴 것 같은 외로움과 허무에서 헤어나지 못하면서 관능 이전의 슬픔, 춤 이전 음악의 기원을 찾았다.

최초의 탱고는 남자끼리 추었다. 노동자 두 명이 가슴을 맞대고 서로 안은 채 음악에 맞춰 걷는 춤이다. 춤 동작과 아울러 음악도 매우 중요했다. 2박자의 밀롱가, 6박자 발스 음악. 게다가 아름다운 노랫말이 세계적인 인기를 끌게 했다. 탱고곡 〈Tres Esquinas〉 가사를 보자. "나는 Tres Esquinas라는 동네 출신이야, 빈민가의 오래된 불이 등나무처럼 피어나는 곳, 귀여운 앞치마 소녀, 따뜻하고 고요한 밤에 고대 향기가 악을 뒤집는 곳, 그리고 보름달 하늘 아래 농장의 땅이 잠자고 있는…" 이건 차원 높은 시다.

대부분의 탱고 가사는 마치 신의 언어, 시와 같아졌다. 멜랑콜리를 쳐내는 탱고의 강한 스윙, 여러 악기의 하모니, 가슴이 뭉클하다. 우리나라도 탱고 음악이 있다. 비의 탱고, 해변의 탱고. 나의 탱고는? 탱고초밥은 열정이다. 나를 향해 흐느끼는 그대 눈을, 나의 키스로 감겨 줄 수 있는 탱고 춤과 음악을, 초밥의 맛이 얼마나 닮았을까. 탱고는 서로에게 건네는 정신적인 위로다. 영남대로로 걷는다.

약전골목 한약 냄새가 콧잔등을 친다. 한의학박물관에

서 본 육불치六不治가 생각난다. 한나라 사마천의 사기 편작 열전에, 어떠한 명의라도 고칠 수 없는 6가지 불치병이 있었다. 약 2,500년 전 중국 춘추 전국 시대 어느 날 제나라 환공이 명나라 편작扁鵲을 불러 망진望診(얼굴을 보고 병을 아는)을 시켰다.

편작이 "숨은 병이 있으니 당장 치료해야 한다."고 환공께 말했다. 환공은 "과인에게는 병이 없소."라 답하고 편작이 물러가자 "의원이 이익을 탐해 없는 병을 있다 하여 공을 세우려 한다."고 했다. 닷새 후 편작은 환공을 배알하고 "병이 혈맥에까지 이르렀습니다. 지금 치료하시지 않으면 더 깊어질 것입니다."라고 하자 환공은 다시 "과인에게는 병 같은 것은 없소."라 했다. 편작은 하릴없이 물러갔다. 그로부터 닷새 후 편작이 환공을 또 배알하고 "병이 위장까지 이르러 지금 치료하지 않으면 저로서도 어쩔 수 없습니다."라고 하자 환공은 말없이 불쾌한 표정으로 편작을 돌려보냈다. 또 닷새 후 찾아온 편작은 환공의 얼굴을 보더니 말없이 그냥 돌아갔다. 이를 의아하게 여긴 환공이 신하를 보내 그 사유를 물었고, 편작은 환공의 병이 깊어 이제는 치료가 불가능하다고 했다. 그 후 닷새가 지나 환공은 몸져누웠다. 그때는 이미 편작이 제나라를 떠난 뒤였고, 이후 환공은 죽고 말았다.

이때 편작은 병의 불치 원인인 6가지를 말했다. (1) 교만하면 그 병을 모른다. (2) 몸을 함부로 여기고 재물만 중히 여긴다. (3) 옷과 음식을 적당히 조절할 줄 모른다. (4) 함부로 과욕을 한다. (5) 체질이 약하여 약을 복용하지 못한다. (6) 의사의 말을 믿지 않고 무당의 말을 믿는다. 비록 2,500년 전의 일이지만, 지금도 앞으로도 영원히 적용되는 치병의 잠언이다. 육불치는 치국에도 거푸집이 된다.

대구는 영남대로의 요지

영남대로는 조선 시대 1392년부터 1910년까지 한양에서 부산 동래까지 잇는 간선도로였다. '대구서 쉬어가야 문경새재를 넘는다'고 할 정도로 대구는 영남대로의 요지였다. 게다가 경상감영, 서문시장, 약령시가 있어 많은 사람이 만나고 헤어지던 번잡한 곳이었다. 여기저기 벽화가 있다. 조선 시대 한양 가는 과거길, 인재와 물류의 대동맥인 영남대로, 과거를 보러 가는 선비를 전송하는 아낙네, 과거 응시장, 장원 급제자에게 왕이 친히 어사화를 내려주는 그림….

선비는 학문과 인품을 갖춘 사람을 말한다. 학문과 인품은 수기치인修己治人의 근본이다. 말하자면 자기를 닦고 그 후 남을 다스린다는 것이다. 수기는 자신을 다스리며 완성하는 마음공부. 맹자는 성공과 명예, 돈과 권력을 탐하면서 정작 소중한 마음을 잃고 찾지 않는 사람들을 질책하고 있다. 학문과 인품은 다른 것이 아니라 마음을 지키는 것이고, 마음을 잃었다면 그 마음을 찾아오는 것이라고 가르치고 있다. 맹자의 이 말씀은 오늘날 더 절실하다.

현대인은 마음을 어딘가에서 잃어버리고 살아간다. 풍요로운 물질의 단맛과 통제 없는 심리발달로 양심과 마음이 기형으로 자라 버린 사람들. 마음이 비뚤어 서로에게 상처 입혔기에 작은 일에도 화를 낸다. 그리고 불평등과 불공정에 분노하고, 그 분노를 참지 못한다. 분수를 모르기에 가져도, 가져도 만족하지 못한다. 가진 자들은 아무리 채워도 채워지지 않는 욕심으로 진정한 행복과 가치를 모른다. 무엇보다 살벌한 것은 마음의 잔인성이다. 이 문제는 국가가 개입하여 넘어야 할 큰 장애가 되었다.

고독, 분노사회, 집단적인 우울증, 사회병리 현상이 만연하여 인간을 심각하게 파괴하고 있으므로, 이런 상황에서 국가가 아무리 좋은 정책을 펴도 종국에는 생활이 불안과 불만으로 귀착되는 것이다. 이 문제 해결을 위해서는 위로 대통령부터 아래로 어린이까지 마음공부를 해야 한다. 개개인이 바른 마음을 가지고 자신의 마음을 다스리지 않고는 편안하고 행복한 나라, 올바른 통치가 이루어지는 나라가 될 수 없다. 국민 전체가 자기 마음 찾는 공부를 해야 한다. 나의 마음은 나의 것이고, 우리의 마음은 우리의 것이다. 모두가 항상 마음을 들여다보고, 텅 빈 마음에

인·사랑·자비를 채우고, 마음의 근본인 첫째, 부끄러워하는 마음, 둘째, 잘잘못을 가리는 마음, 셋째, 양보하는 마음, 넷째, 가엾게 여기는 마음을 회복해야 한다. 그러지 않고는 태평성세를 누리는 나라다운 나라를 기대할 수 없다.

그럼 서양은 어떠했을까. 고대 그리스로 시간 여행을 떠나보자. 근자에 나훈아가 노래했다. "세상이 왜 이래, 사랑은 또 왜 이래, 너 자신을 알라며 툭 내뱉고 간 말을 내가 어찌 알겠소. 모르겠소 테스형." 이 가사 속 테스는 그리스의 소크라테스다. '너 자신을 알라'는 소크라테스가 입에 달고 다닌 경종警鐘이다. 나 스스로를 아는 것이 모든 선한 일의 출발이라고, 자신을 모르는 자는 착각과 잘못에 빠져들 수밖에 없다고. '너 자신을 알라'가 바로 수기치인의 수기가 아닌가. 소크라테스가 지금 우리나라를 본다면 어떻게 대응할까 궁금하다.

그럭저럭 명나라 두사충의 이야기가 서린 뽕나무 골목까지 왔다. 이순신 장군이 그와의 깊은 친분을 나타내는 「봉정두복야」라는 한시를 남겼다. 그 와중에서도 '너 자신을 알라'는 소리가 딸랑딸랑 방울소리를 내면서 나를 깨우고 겨울 속으로 떠난다.

대구 첫 사과나무가 있는 언덕
선교의 성지 청라언덕

　담쟁이 잎이 다 져버린 청라언덕에 시나브로 겨울바람이 분다. 어디서 불어오는지 발자국 소리를 내면서. 눈을 감는다. 비로소 바람이 보인다. 바람이 전하는 말에는 영원한 생명을 약속하던 그의 사랑이 메아리친다. 청라언덕은 미국 선교사들이 복음을 전파하던 전진기지였다. 1898년 개화기 때 선교사 아담스와 존슨이 달성 서씨 문중으로부터 땅을 헐값에 매입, 지금의 동산병원과 학교를 지었고 청라언덕의 얼개가 생겼다. 대구시 주요 관광지의 하나이며 대한민국 구석구석 100경 중 하나로 선정되었다.
　단지 선교하기 위해서 그들의 고국에서 지구를 반 바퀴나 돌아와 이곳에 정착한 그 위대한 힘은 무엇이었을까. 멀리 우주에서 보면 지구촌은 모두 이웃이다. 그럼 누가 진정한 이웃일까. 어느 날 예수께서 "네 이웃을 사랑하라"

고 하셨다. 그러자 "이웃이 누구냐"고 누군가가 물었다. 그러자 예수는 그 유명한 '선한 사마리아인의 비유'를 말씀하셨다.

어떤 사람이 예루살렘에서 여리고로 내려가다가 강도를 만나 강도들이 그 옷을 벗기고 때려 죽은 것을 버리고 갔다. 마침 한 제사장이 그 길로 내려가다가 그를 보고 피해 지나가고, 또 한 레위인도 그를 보고 피해 지나갔으나, 여행하는 어떤 사마리아인은 거기에 이르러 그를 보고 불쌍히 여겨 가까이 가서 기름과 포도주를 그 상처에 붓고 싸매고 자기 짐승에 태워 주막으로 데리고 가서 돌봐주고 이튿날 데나리온 둘을 내어 주막 주인에게 주며 이 사람을 돌봐주라, 부비(浮費)가 더 들면 내가 돌아올 때 갚으리라 했다.

이렇게 비유하시고 예수께서 "네 의견에는 이 세 사람 중에 누가 강도 만난 자의 이웃이 되겠느냐."고 했다. 그가 "자비를 베푼 자입니다."라고 답했다. 예수께서 이르시되 "가서 너도 이와 같이 하라."고 하셨다. 진정한 이웃은 고귀한 혈통의 제사장이나 레위인이 아니라 비천한 인종이라 멸시하던 사마리아인이라고 질문자는 대답해야 했다.

대구시 유형문화재

먼저 선교박물관(대구시 유형문화재 제24호)을 둘러본다. 마르타 스윗즈 선교사가 살았던 사택이다. 스윗즈 여사를 비롯해 계성학교 4대 교장인 핸더슨, 계명대 초대 학장인 캠벨 등의 선교사가 거주했으며 대구읍성 돌을 주춧돌로 사용해 문화재로서의 큰 의미가 있다. 선교박물관은 개신교회사에 관한 사진 자료와 선교 유물, 구약과 신약의 세계에 대한 다양한 유물이 전시돼 있다.

이참에 1899년 동산의료원 개원 당시 존슨 선교사가 미국에서 가져와 심은 대구 최초의 사과나무도 구경한다. 한때 대구 특산물이었던 사과나무를 이때부터 재배했던 것이다. 대구시 보호수 1호로 지정돼 있다. 이어 의료박물관인 옛 선교사 챔니스 주택(대구시 유형문화재 제25호)으로 들어간다. 옛 의료 기구 청진기와 대구 최초의 피아노 등이 전시돼 있다.

박태준 노래비

인근에 대구가 고향인 작곡가 박태준 노래비도 있다. 박태준이 작곡하고 노산 이은상이 작사한 가곡 〈동무생각〉이다. 푸른 담쟁이 넝쿨이 아름다웠던 청라언덕, 빛 무리처럼 핀 백합화는 그가 연모했던 신명학교 여학생이었다. 그 여학생은 일본으로 유학을 떠나고 박태준의 가슴에 싹

튼 사랑과 눈시울에 맺힌 추억이 안쓰러운 노래는 이런 내용이다.

봄의 교향악이 울려 퍼지는 청라언덕 위에 백합 필 적에 나는 흰 나리꽃 향내 맡으며 너를 위해 노래, 노래 부른다. 청라언덕과 같은 내 맘에 백합 같은 내 동무야. 네가 내게서 피어날 적에 모든 슬픔이 사라진다….

첫사랑은 가슴에 영영 박제되는 사랑이다. 라일락 향기 그윽한 환상의 길을 둘이서 걸어가는, 그 물결치는 감정의 파노라마는 박태준 내면의 현실이었다. '사랑의 맛을 알려면 라일락 이파리를 씹어보라'는 그때 유행어. 그 청라언덕을 넘나들던 백합 같은 내 동무는 박태준의 영혼에 불을 지피고 신기루처럼 떠나갔을 것이다.

선교사 블레어가 살았던 교육역사박물관(대구시 유형문화재 제26호)도 본다. 조선 시대 서당과 1960~70년대 초등학교 교실이 재현돼 있고 시대별 교과서 및 민속자료가 전시돼 있다.

선교사들의 묘지인 은혜정원으로 간다. 우리가 어둡고 가난할 때 머나먼 이국 땅에 와서 배척과 박해를 무릅쓰고 혼신의 힘을 다해 하나님의 말씀을 전파하고 의술을 베풀다가 생을 마감한 선교사와 가족의 안식처다. 사랑의 영혼이 깃들어 있는 은혜정원에는 '그녀는 죽은 것이 아니라 잠들어 있을 뿐이다(She is not dead but sleepth)'라고 새긴 제일교회 설립자 아담스 목사의 부인 넬리 딕 아담스(Nellie Dick Adams)의 묘비를 비롯해 124개의 묘석이 있다.

알고 보면 죽음은 도처에 있고 삶의 일부다. 어떤 묘비 앞면에는 곰비임비 십자가가 있다. 십자가는 기독교의 상징이다. 하나님의 사랑은 예수가 십자가에 매달려 죽고 다시 살아나 부활함으로 완성되었다. 십자가는 인류의 영성이 폭발한 빅뱅이었다. 예수가 인류의 죄에 대한 대속으로 십자가에 매달렸기 때문에 인류는 영생을 얻고 하나님의 나라에 갈 수 있게 되었다. 예수가 당했던 십자가형을 성경 마태복음 27장으로 알아보자.

가시 면류관을 엮어 그 머리에 씌우고 갈대를 그 오른손에 들리고 그 앞에서 무릎을 꿇고 희롱하여 가로되 유대인의 왕이여 평안할지어다 하며 그에게 침 뱉고 갈대를 빼앗아 그의 머리를 치더라. 희롱을 당한 후 홍포를 벗기고 도로 그의 옷을 입혀 십자가에 못 박으려 끌고 가니라. … 골고다 즉 해골의 언덕이라는 곳에 이르러 쓸개 탄 포도주를 예수께 주어 마시게 하려 했더니 예수께서 맛보시고 마시고자 아니 하시더라. 저희가 예수를 십자가에 못 박은 후에 그 옷을 제비 뽑아 나누고 거기 앉아 지키더라. 그 머리 위에 이는 유대인의 왕이 예수라 쓴 죄패를 붙였더라. 이때에 예수와 함께 강도 둘이 십자가에 못 박히니 하나는 우편에, 하나는 좌편에 있더라. 지나가는 자들은 자기 머리를 흔들며 예수를 모욕하여 말하되 성전을 헐고 사흘에 짓는 자여 네가 만일 하나님의 아들이거든 자기를 구원하고 십자가에서 내려오라. 저가 남을 구원하였으되 자기는 구원할 수 없도다. 저가 이슬라엘의 왕이로다. 지금 십자가에서 내려올지어다. 그러면 우리가 믿겠노라. … 제구시 즈음에 예수께서 크게 소리 질러 가라사되 엘리 엘리 라마 사박다니 하시니 이는 곧 나의 하나님 나의 하나님 어찌하여 나를 버리셨나이까 하는 뜻이라. 예수께서 다시 크게 소리 지르시고 영혼이 떠나시다.

예수는 사흘 후에 부활하시었고 하늘나라에 가셨다.
현대세계는 새로운 영성을 갈망하고 있다. 지금 세상은 발달된 물질문화와 개인중심 실용주의를 진리로 생각하고 그것을 더없는 행복의 잣대로 생각하지만, 그러나 우리는 더 목마르고 안절부절 불안해하고 있다. 에스겔이 환상에서 보았던 것처럼 앙상한 뼈에 생명을 불어넣고 잃어버린 영혼을 찾아와 하나님 나라에 갈 수 있게 되기를 바란다고 그 묘지의 십자가는 말하고 있는 것 같다.

가을바람이 고즈넉한 옛 돌담길
산청군 남사 예담촌

여기는 경남 산청군 남사 예담촌이다. 한국에서 가장 아름다운 마을 제1호로 지정된 마을이다. 지리산 천왕봉의 정기가 스며있고 하늘이 내린 땅에 조성된 볼수록 아름다운 옛 담장 마을이다. '산청 남사마을 옛 담장(국가등록문화재 제281호)'은 이 마을 대표 브랜드며 관광객을 감탄케 하는 볼거리다. 남사마을 토담을 보면 자신도 모르게 한국적인 너무나 한국적인 옛 멋에 흠뻑 젖어 버린다. 마을 사람들이 눈만 뜨면 쳐다보는 저 돌담길, 그 위 담쟁이덩굴, 곳곳의 한옥들이 우리의 은근과 끈기를 길러주는 토양이란 것을 비로소 알았다.

이씨 고가 담장길

이씨 고가(경남문화재자료 제 118호)로 먼저 걷는다. 니구산尼

丘山이 정면으로 보인다. 노나라 공자가 태어난 추읍의 니구산에서 그 산명을 옮겨 온 것이다. 또 마을을 에돌아 흐르는 사수천도 추읍을 흐르는 사수천의 이름을 본뜬 것이다. 이것만 보더라도 이 마을이 공자의 사상을 얼마나 받들고 실천했는지 어림짐작이 간다.

공자는 어떤 분일까. 공자孔子는 기원전 551년, 노魯나라 창평향 추읍에서 태어났다. 공자의 아버지는 숙량흘이었다. 숙양흘의 본명은 공흘이었는데, 공씨 성을 빼고 자 숙량叔梁을 붙여 숙양흘로 부르게 되었다. 그는 몸집이 큰 9척의 무인으로 노나라 대부가 되었다. 그는 "반듯한 아들 하나 두었으면 소원이 없겠네." 애면글면 말하곤 했다.

첫 부인 사이에서 딸만 아홉 낳았으므로 별 수 없이 둘째 부인을 보아 아들을 하나 얻었으나 절름발이였다. 이름이 맹피였다. 탄식하며 세월을 보내던 중 어느덧 환갑이 지났다. 마음이 다급해졌다. 예순세 살 되던 해 마을 사람이 그에게 귀띔했다. "성 밖 북쪽 십 리에 무녀가 살고 있다네. 그녀에게 과년한 딸 셋이 있는데 찾아가 부탁해 보면 어떻겠는가." 마음이 솔깃해 그 무녀의 집을 찾아가 저간의 사정을 말하고 딸 하나 주기를 청했다.

무녀가 세 딸을 불렀다. 스무 살 첫째 딸에게 물었다. "너 대부 어르신 아이를 낳아 줄 마음이 있느냐." 장녀는 고개를 살래살래 저었다. 둘째도 도리질을 했다. 부득이 열여섯 된 셋째에게 물었다. "네 어머니, 저는 기꺼이 대부 어르신의 뜻을 받들겠습니다." 그녀가 안징재였다.

그 후 열여섯 처녀 안징재와 예순셋 노인 숙양흘이 무녀 집 근처 들판에서 몸을 섞었다. 이윽고 안징재의 몸에 태기가 생기고 열 달 후 금두꺼비 같은 아들을 낳았다. 공자는 이렇게 야합(野合)으로 태어났다. 안징재가 니구산에서 기도를 한 후 공자를 얻은 것이다. 날 때부터 머리 중앙이 들어간 반면 주위가 불쑥 돋아 있어 구(丘:언덕)라 이름 지었다.

공자는 일찍 아버지를 여의고 무녀인 어머니 슬하에서 자랐다. 어릴 때부터 하나를 배우면 열을 아는 신동이었다. 게다가 덕성을 갖추고 학문에 정진했다. 그 후 벼슬에 나아갔다. 공자의 기본 통치 철학은 나라의 기강을 바로 세우고 예의를 진작시키는 것이다. 노나라 풍속은 몰라보게 변화되었다. 시장에는 협잡질이 없어지고 길에서는 남녀가 나누어 걷고 어른과 아이의 서열이 생기고 대화를 예로서 하고 충효 사상이 만연했다. 이렇게 노나라는 도둑이 없어지고 백성들이 태평가를 부르게 되었다. 그건 백성들의 도덕성을 깨우쳐 예의와 기강을 바로 세웠기에 가능한 일이었다. 바로 덕치와 예치다. 그때 니구산에서 바람이 불어왔다. 바람은 타임머신을 타고 아주 먼 곳까지 흘러갔다가 돌아오곤 한다.

나는 아련한 생각에서 깨어났다. 바람과 함께 사라진 현실이 바람과 함께 돌아왔다. 어느덧 이씨 고가 입구 담장 길에 서 있었다. 〈왕의 남자〉 촬영지라는 안내판이 서 있다. 조선 최초의 궁중 광대극 〈왕의 남자〉는 질투와 열망이 부른 피의 비극을 말하고 있다. 1천만 관객을 돌파한 왕의 남자는 한국판 비극이다. 영국판 비극, 셰익스피어의 4대 비극처럼 말이다. 비할 바 없는 완성된 비극에서 영혼의 내면을 벗겨내는 데 성공한 이 작품들은 불멸의 명성을 얻었다. 메쌓기한 석축 위에 찰쌓기 방식을 한 토담은 따스하고 아름답다.

하트 마크로 자란 부부 회화나무를 지난다. 흔히 선비나무라고 불리기도 하는데 서로에게 볕을 더 잘 들게 하려고 구부리며 자랐고 부부가 이 나무 아래를 통과하면 금슬 좋게 백년해로 한다고 한다. 이씨 고가에 들어선다. 남사 마을에서 가장 오래된 집으로 1700년대 건축물이다. 남북으로 긴 대지에 안채를 중심으로 ㅁ형으로 배치되어 있다. 대청 뒷벽으로 개방된 툇마루를 단 것이 특색이다. 일반 사대부 주택 안채에 있는 부엌 위치가 사당 방향과 반대인 점과 달리 이 집은 같은 방향으로 놓여 있다는 점이 특이하다. 집 안은 양지바르고 기품이 넘치며 쉽게 범접할 수 없는 상서로운 기운이 서려 있다.

최씨 고가와 박호원 재실

이제 최씨 고가(경남문화재자료 제117호)로 간다. 이 집은 남사마을 중앙에 자리 잡은 가장 큰 집이다. 1930년대에 지었고 사랑채 좌우에 안마당으로 통하는 중문을 2곳에 만들었는데 동쪽 중문을 통과하면 안채가 한눈에 보이고 서쪽 중문은 외양간과 안채가 직접 눈에 띄지 않도록 안으로 담장을 둘러놓았다. 남녀의 사용 공간을 나누어 공간의 독립성을 부여한 뛰어난 배치로 사대부가의 유교적 전통을 엿볼 수 있다. 남녀 음양이 섞여 비구름을 만들고 그것이 햇무리를 만나면 무지개가 되듯이 여긴 음양오행의 조화가 선비정신을 만드는 사서오경의 공간이 있다. 이런 환경에서 자라면 정신을 집중할 수 있고 담금질할 수 있다.

역시 돌아 나와 사양정사(경남문화재자료 제453호)를 지나면서 650년 된 감나무 아래에 서 본다. 참 아득하다. 그 긴 세월을 살아온 질긴 생명력은 어떤 것일까. 조금 더 나아가니 사수천(남사천)이다. 징검다리로 건넌다. 지리산과 니구산에서 흘러온 물은 공자 왈 맹자 왈 왈왈 흐른다. 글 읽는 낭랑한 소리는 우리의 부모님이 가장 좋아하던 불멸의 농악이었다. 이동서당(경남문화재자료 제196호)과 3·1운동기념공원을 지나서 예담길(꽃길터널)로 들어선다. 아름답고 황홀하다. 녹색 물이 뚝 뚝 떨어질 것 같은 잎 위로 핀 꽃은 밤하늘 별처럼 찬란하다. 꽃은 별이라고 하지 않았나.

다음은 니사재(경남문화재자료 제328호)다. 니사재는 조선 전기 화적 임꺽정 난의 진압에 토포사 종사관으로 공을 세우고 대사헌·호조판서를 지낸 박호원의 재실이다. 정문 앞에는 충무공 이순신이 백의종군 중 이곳을 지났다는 행로표석이 있다. 니사재의 유숙지는 이순신 장군이 권율 도원수부가 있는 합천으로 가던 길에 하룻밤 유숙한 곳이다. 정말 유서 깊은 곳이다. 백의 종군로를 따라 걷다가 전통놀이 공원에서 다시 징검다리를 건넌다.

사효재에 도착해 안내판을 읽는다. 사효재는 1706년 피접 중인 아버지를 해치려는 화적의 칼을 자신의 몸으로 막아낸 영모당 이유현의 효심을 기리기 위해 지은 것이다. 고인이 되신 부모님에게 불효했던 자신의 과거 행적에 마음 아파하며 속으로 흐느낀다. 여기 사효재에서 내면을 비추어 보면 사람이 살면서 사람 구실하기가 얼마나 어려운지 사무치게 느낄 수 있다.

인근에 이제 개국공신 교서비가 있다. 조선 개국에 공을 세운 이제에게 내린 태조 이성계의 개국공신교서(국보324호)가 내용이다. 이제는 이성계의 셋째 사위다. 조선 개국공신 1등으로 흥안군에 봉해지고 의흥위 절제사가 되었다는 내용이다.

답사를 마무리하면서 남학정(전망대)에 오른다. 남사 마을은 반달형으로 그것도 하낮의 반달처럼 처연하고 아름답다. 이 마을이 배출한 숱한 인재들의 충효 미담이 마치 그 옛 담장 길처럼 의식에 아름다운 데칼코마니를 그린다. 이번 답사는 아름다움에 대한 강렬한 경험이었다.

선사 시대 문화체험
고령군 장기리 암각화와 개실마을

바람이 살랑살랑 분다. 햇볕도 따스하고 상쾌하다. 어디서 알이 부화하는 듯, 껍질 부서지는 소리가 들리는 듯하다. 먼 여운으로 한참 동안 귓가에서 맴돈다. 그 암벽에 새겨진 그림은, 환시는 물론 환청까지 몰고 온다. 어디서 본 듯한 그림들. 신석기 후기에서 청동기 시대에 새겼다는 암각화. 알 듯하면서도 알 수 없는 그 그림은 대낮의 꿈처럼 몽롱하다.

장기리 암각화

고령군 대가야읍 장기리 알터 마을 사람들은 이곳을 하늘신과 땅신이 교접해 알을 산란한 곳이라 하여 알터 혹은 알현이라 부르고 있다. 암각화는 남향의 수직 암벽 위에 길이 5m 높이 1.5m 정도로 새겨져 있다. 그림은 하나의 중심에서 새긴 동심원同心圓과 신의 얼굴을 상징하는 신면형 神面形이 주를 이룬다. 모양은 검파형, 가면형, 방패형, 인면형, 장방형, 기하문 등 여러 가지 이름으로 정리되어 있다. 바위에 새긴 방식은 쪼기로 기본형을 만든 다음 여러 차례 다듬고 문질러서 완성하였다.

  암각화는 바위가 전하는 그림이지만 바람이 전하는 말이기도 하다. 신석기 후기 시대에서 청동기 시대로 이어지면서 한반도의 우리 조상은 무엇을 말하고자 했을까. 수많은 역사학자가, 또 전공자가 암각화를 연구해도 그 해답은 명확하지 않고 다만 추측으로 그 기호와 상징을 풀이할 뿐이다. 그래서 이 신비한 바위 그림을 해석하고 가까이 다가가기 위해서는 카를 구스타프 융의 이론을 잠시 빌려와 접근해 보는 것이 가장 효과적일 수 있다고 생각해 본다.

  인간이 지상에 등장하여 자신의 내면을 표현하고자 한 것은 영혼과 욕망의 갈등, 꿈, 상상 또는 사실적인 기록들이었다. 현대인도 그러하지만, 고대인도 마찬가지로 인간의 문제를 다루는 것이 그들의 삶의 의미를 찾는 방법이었다. 우리에게 가장 심각했던 의식과 무의식의 분리, 영적 허기, 감정의 힘이 어떻게 왜 무슨 이유로 그렇게 오래 부정되어 왔는지에 대한 융의 해석이 암각화에 대한 이해를 돕는 데 큰 역할을 할 수 있다고 본다.

  암각화는 일종의 영혼의 지도다. 영장류로서 인류가 지

치지 않고 탐구했던 정신세계와 신의 존재, 주술적인 제례 의식이 여기에도 나타난다. 이쯤에서 지금까지 암각화를 분석한 선행 연구가들의 몇 가지 공통점을 짚어보자.

첫째, 암각화는 선사 시대 사람이 자신들의 소원이나 상상을 커다란 바위나 성聖스러운 장소에 새긴 것이라 한다. 둘째, 전 세계적으로 암각화는 북방 문화권과 관련된 유적으로 우리 민족의 기원과 이동을 알려 주는 중요한 자료이다. 셋째, 암각화가 다양한 형태를 한 것은 선사 시대 신앙 대상이었던 조상신이나 수호신 등의 여러 가지 상상을 형상화한 것으로 파악하고 있다. 넷째, 선사 시대 사람들이 암각화 앞에서 제사 의례를 하였다는 것이 큰 줄기다.

암각화에서 유추하는 성혈, 태양을 상징하는 삼중 동심원, 사각형 안에 그려진 전田 자 모양의 십자형 등은 부족 사회의 생활권을 형상화하고 표현한 것이다. 또 가면 모양은 가로 약 25cm 세로 약 30cm로 머리카락, 수염 같은 털을 새기고, 그 안에 이목구비가 뚜렷한 인간 얼굴을 표현하여, 원시 종교에서 보는 일종의 부적 색채가 짙다. 이러한 바위 그림 얼개는 태양신, 풍요와 다산을 기원하던 그들의 제의祭儀와 영적 기도를 그림과 상징으로 나타낸 것으로, 이렇게 형상화된 바위 그림으로는 청동기인이 무엇을 말하고 나타내고 전하고자 하였는지 정확히 알 수 없다.

왜냐하면, 형상화란 현실의 경험을 상상과 환상으로 전

환하여 표현하는 것으로, 마치 시詩가 인간의 정신세계를 형상화한 언어로 표현하여 용어 뜻만 가지고는 그 의미의 핵심을 허투루 알 수 없듯이, 그래서 시詩를 신神의 말씀, 또는 영혼의 독백이라 하는 것과 마찬가지이다. 이렇게 미로나 수수께끼 같은 암각화의 신비나 주술적인 기하학적 문양을 어느 정도 해석할 수 있는 융 이론의 가장 핵심인 프로파간다를 공유해 보자.

융은 현대인이 도덕적 파탄, 영혼 상실에 빠져있다고 생각했다. 그는 우리를 이끌어 줄 신화가 없어졌다고 했다. 신화가 사라졌다는 것은 우리가 살아야 할 목적을 잊어버렸다는 것이며, 아울러 고통을 감수할 목적도 함께 잊었다는 것이다. 살아있는 종교는 우리가 경험하는 고통에 의미를 주고, 고통을 견딜 용기를 준다. 왜 우리는 고통을 당하는가. 우리는 의미 없는 삶은 견딜 수 없다고 융은 말한다. 그러면서 그는 자신의 것으로 만든 신화를 우리에게 보여준다. 그건 가능한 한 의식화하려는 우리의 노력이 신의 진화(the evolution of God)에 공헌한다는 것이다.

그는 이 과정을 개성화라 했고, 이것이 융의 치유 메시지의 본질적인 첫째 요소다. 두 번째 요소는 정신(psyche)이 실재한다는 것을 이해하는 것이다. 그에 의하면 우리가 가지고 있는 모든 것은 우리의 주관적인 경험이라는 것이다. 이런 주관적인 경험으로 의식과 무의식의 통합인 정신이 실재함을 발견한 것이다. 이렇게 함으로써 그는 우리의 삶에 의미를 되찾아 준다.

융의 세 번째이자 마지막 본질적인 요소는 여성적 원리(feminine principle)이다. 여성성의 두 가지 특성은 순환하며 발전하는 것과 몸을 귀하게 여기는 것이다. 여성적인 원리에서, 삶은 곧 인격적이고 구체적인 실존과 연결되어 있다. 그의 목적은 머리 못지않게 가슴에 호소하는 것이다. 융은 인간이 의식과 무의식으로 되어 있고, 주관적인 경험으로 무의식을 의식화할 수 있다는 것을 발견하였다. 그가 말한 영혼 상실, 신화, 삶의 의미, 정신, 의식화, 여성성 등은 인간의 의식과 무의식에 대한 분열과 통합의 과정을 해석한 것이다.

무의식은 프로이트가 꿈의 해석을 통해 밝혔지만, 융은 더 분석하여 무의식은 개인 무의식, 집단 무의식, 알 수 없는 부분까지 있다는 것을 증명했다. 그가 즐겨 말하는 영혼, 정신, 신화, 의미, 의식화 등은 의식과 무의식이 하나로 전일체가 될 때 경험하는 주관적인 것이다.

이렇게 의식과 무의식이 전일체가 되게 하는 터널이 꿈, 기호, 상징이다. 우리는 꿈, 기호, 상징을 통해서 무의식과 접촉하고 무의식이 함유한 무한 에너지, 즉 우리가 종종 실수를 통해 진리에 도달하고, 새로운 지배원리, 말하자면 신(하나님)은 우리 자신들 안에서 사람이 된다는 것을 경험할 수 있는 것이다.

그러므로 우리는 먼저 인간 즉 융이 말하는 자기(개성화)가 되어야 한다. 이 말은 우리가 잃어버린 정신과 영혼을 먼저 되찾아야 한다는 의미다. 그렇게 되면 우리는 모든 개인의 무의식 속에 영성이 살아 있음을 알게 되고, 그때 우리는 그리스도의 형제가 될 것이다. 말하자면 과거의 신앙은 신(하나님)을 믿고 숭배하는 것이었지만, 이제는 우리가 신을 경험할 수 있다는 것이다. 이런 심리적인 이해가 고대의 종교적인 심상心像에 활기를 다시 불어넣는다. 이런 시각에서 알터 암각화를 이해하면 그 신비한 그림들이 무엇을 나타내고자 하는지 그 실루엣이 드러날 것이다.

대구 최초의 교회
대구 기독교 성지 제일교회

　창밖의 오후는 나른하다. 이스트힐(East hill The cafe) 창문으로 햇살이 빗살무늬로 떨어진다. 빛이 머무는 바닥은 마치 알의 흰자위처럼 하얗고, 거기에는 창세기의 말씀이 살아 있다. 창세기(1:1~3)에 보면 '태초에 하나님이 천지를 창조 하시니라' '하나님이 가라사대 빛이 있으라 하시매 빛이 있었고' 그러니까 저 빛은 그 자체가 이미 하나님의 말씀이시자 창조물이다.
　홀 안은 그 어떤 결핍의 너울 같은 공허가 흐르고 있었다. 어디에 있더라도 항상 그림자처럼 따라붙는 불안의 검은 나비가 저 허공으로 훨훨 날아다닌다. 그건 원죄原罪다. 인류는 원죄의 등짐을 지고, 끝 간 데 없이 걸어가다, 지옥으로 떨어진다는 교리가 기독교다. 그 엄격하신 하나님의 계율과 조금도 용서 없는 심판 앞에 인간은 항상 두렵고

죄의식에 살며, 소돔과 고모라 같은 비극의 최후를 맞게 된다는 것이다. 이런 인류의 원죄를 구원하기 위해 예수님이 탄생하셨다. 그날이 크리스마스다. 이쯤에서 우리는 이스트힐로 다시 눈길을 돌리자. 제일교회 탄생 100주년 기념관 부속, 이스트힐은 동쪽 언덕을 의미한다. 혹시 이 이스트힐이 '에덴의 동쪽'을 말하는 것은 아닐까.

존 언스트 스타인벡의 『에덴의 동쪽』은 미국을 대표하는 명작이다. 구약성서에 등장하는 아담과 이브의 원죄原罪 의식, 카인과 아벨의 첨예한 갈등 구조를 모델로 하였다. 이 작품에는 선과 악, 사랑과 증오, 삶과 죽음 등 인생의 대극적인 양면성이 마치 실험극같이 드러나 있다.

존 스타인벡은 『에덴의 동쪽』을 통해 인간이 언제까지 원죄의 굴레를 목에 걸고 살아야 하는지, 한편으로 인간 스스로 원죄를 벗어나 해방될 수 없는지 등에 근원적인 질문을 지치지 않고 던졌다. 그리고 그 해답으로 인간의 자각自覺, 관용寬容, 인간애人間愛, 자유의지自由意志 등을 암시적으로 드러내곤 했다.

인간은 누구나 카인과 칼처럼 원죄를 코뚜레로 하고 살기 때문에 선과 악, 사랑과 증오, 삶과 죽음의 대극성 사이에서 헤매거나 갈팡질팡한다. 하지만 이 두 길을 선택하는 의지는 어디까지나 인간에게 있다. 그에 따르면, 인간은 신神의 명령이나 운명의 당위當爲, 즉 마땅히 그렇게 되는 대로 사는 게 아니다. 인간의 주체는 바로 인간이다. 인간은 그 의지와 노력으로 미래를 열어 갈 수 있다. 비록 힘들고 고통스러울지라도 인간의 길을 꾸준히 걸어가면 가능성·희망·존엄성이 은연중에 드러나고, 그 위대성이 확인된다는 것이다. 그러나 그게 존 스타인벡의 유언遺言적인 결론은 아닐 것이다. 인간의 마지막 소망은 하나님의 나라에 들어가는 것이라는 신호를 보내고 있다는 게 나의 생각이다.

제일교회 본당

제일교회 본당으로 가기 위해 자리를 털고 사잇문으로 간다. 이스트힐 사잇문 가장자리에 성경 구절을 적어 놓은 이동식 칠판이 있어 멈춰서서 본다.

> 나는 부활이요 생명이니 나를 믿는 자는 죽어도 살겠고, 무릇 살아서 나를 믿는 자는 영원히 죽지 아니하리니.(요한 11:25~26)

정말 우레 같은 선언이다. 하나님이시거나 그의 아들이 아니고서는 이렇게 말할 수 있는 분이 있을 수 있겠는가.
예수는 '나는 부활이요, 생명' 이라 하셨다. 부활과 십자가는 기독교의 기본 교리이다. 부활과 십자가를 믿으면,

진실로 영원히 죽지 않는다는 것이다. 지금까지 죽었다가 다시 살아난 사람은 없었다. 그 말은 과거는 물론 미래의 어떠한 사람들도 죽음에서 벗어날 수 없다는 말이다.

그러함에도 예수는 히브리력 14일 유월절에 최후의 만찬을 하고, 그날 밤에 예수를 미워하던 유대인 제사장 로마군에 잡혀 조롱과 고난을 받는다. 다음 날 15일 형언할 수 없는 멸시와 고통 속에서 십자가를 지고, 골고다 언덕으로 올라가, 지고 온 그 십자가에 못 박혀 사망하신다. 다음 날 안식일이 지나고 죽은 지 삼 일째 되는 날 새벽에 죽음의 권세를 이기고, 부활하시게 된다.

예수님은 부활하셔서 죽음을 다스리고, 다시 살아날 수 있는 새 생명의 문을 열어 주셨다. 예수님이 부활하실 수 있었던 것은 죄가 없었기 때문이다. 죄는 인간을 완벽하게 죽인다. 다시 살아날 수 있는 길을 턱없이 차단한다. 그러나 예수님은 죄가 없으신 분이므로 그 무서운 죽음에서 승리하여 부활하신 것이다. 그래서 부활을 말할 수 있는 종교는 그리스도교가 유일하다. 우리가 그분, 예수를 믿는 순간 그분에게 접붙임을 당하는 것이다. 그러므로 예수의 부활은 모든 인간의 부활이 된다. '누구든지 예수를 믿는 자는 죽어도 살겠고, 무릇 살아서 나를 믿는 자는 영원히 죽지 아니하리니' 라는 것이다. 탄생 100주년 기념관을 지나 제일교회 본당에 도착한다.

그럼 이 웅장하고 거룩한 교회는 무엇을 하는 곳인가. 예수 그리스도의 교회는 고백하는 교회다. 그건 단지 죄를 고백하는 교회를 넘어 나와 우리의 신앙 고백에 관한 이야기다. 예수께서 진실로 이르신, 나를 믿으며 입으로 시인하는 자는 구원한다는 약속에 관한 이야기다. 교회는 예수 그리스도를 믿고 고백하는 신앙 위에 세워졌다.

그럼 제일교회가 걸어온 역사적 발자취는 어떠한가. 대구경북지역 기독교 교회 설립은 1893년 4월 배위량(William M. Baird) 선교사가 경상도 북부 내륙지방 순회 전도 여행 중 대구를 방문하여 교리를 퍼트리면서 시작되었다. 이후 미국 북장로교 선교부가 이곳에 교회를 세울 대지를 마련한 것이 1896년 1월이었다. 초대 목사인 안의와(James E. Adams) 선교사가 대구 제일교회에 부임한 것이 1897년 11월이었다. 안의와 목사는 1898년 대구읍성 남문 안 대구 제일 예배당에서 김재수, 서자명, 정완식 등 초기 교인을 중심으로 사랑과 복음의 기독교를 전파하였다.

대구경북 최초의 서양 의료 기관인 제중원
1908년 12월 단층 140평의 두 번째 예배당을 건축하였으며, 1933년 9월에는 2층 연건평 448평의 세 번째 예배당(현 대구기독교역사관)을 준공하였다. 대구 제일교회는 120여 년 동안 선교와 의료, 교육 사업을 펼쳐 대구 사회에 믿음과 사랑을 전도했다. 이를테면, 교회를 설립한 지 얼마 되지 않은 1899년 12월에 대구경북 최초의 서양 의료 기관인 제중원濟衆院(모든 사람을 구제함)이 교회 구내에 설립되었다. 그 후 제중원은 1906년 동산동 현재의 위치로 옮겨졌으며, 1911년 동산병원으로 명칭을 변경해 현재까지 질병 치료診療를 하고 있다.

    제일교회는 교회 구역 안에 1900년 대남소학교, 1906년 계성학교, 1907년 신명학교 등 교육기관인 학교를 개교, 지역의 인재 양성과 교육 발전에 크게 이바지했다. 또한 지역의 여러 교회를 개척하거나 분립하여 대구경북지역 모母교회의 역할을 하면서 기독교 선교의 공로가 지대했다. 솔직히 복음의 황무지였던 영남에, 대구 제일교회가 이 지역의 의료·교육·문화 선교의 마중물이 되어 끼친 근대화의 영향을 우리는 뼈에 새겨 잊어서는 안 될 것이다. 이런 위대한 업적은 오직 예수님을 믿고 그 사랑을 실천함으로 가능했다.

발길 닿는 곳마다 茶山 향기 그윽한 곳
두물머리와 정약용 유적

두물머리는 천연 생태계다. 빙하기 이후 진화한 꽃과 나무, 살아남았던 새와 동물이 역사의 알리바이를 만든다. 남한강과 북한강이 합수해 한강 본류의 머리가 되는 곳. 거기에는 인생의 가장 즐거운 때, 마치 김환기가 그린 추상화 〈십만 개의 점〉과 〈꽃의 아이들〉처럼 가슴 뭉클하고 손에 잡히지 않는 그 무엇이 풍경을 이루고 있다. 이른 아침마다 물안개가 스멀스멀 피어오르는 저 강은 알고 있다. 여기가 청자 항아리 같은 공간이란 걸. 사방이 탁 트인 자연 경치와 산책로, 한강 제1경 두물경은 정말 감탄사가 비명을 지르는 장관이다.

1973년 팔당댐이 완공되자 일대가 그린벨트로 지정되었다. 고기잡이, 배 건조가 금지되고, 옛 영화가 부침한 나루터, 강변에 늘어진 수양버들, 그리고 물풀과 우거진 갈대 사이 정박한 황포 돛단배. 눈에 알레르기가 생길 정도다. 강가 마을은 무슨 로렐라이처럼 우리를 부른다. 그저 아름답다고 해야 할 경치로 인해 웨딩, 영화, 광고, 드라마, 촬영장소로 출사자의 발바닥을 시나브로 달군다. 특히 겨울 설경과 일몰이 유명하다. 두물머리는 드라마 출사지로 엄지척을 하는 곳. 한국인이 꼭 가봐야 할 명승지에 고유번호를 두고 있다.

두물머리 물레길과 마재마을

수령 400년의 느티나무 세 그루, 소원을 이루어 준다는 그 나무 그늘에서 하염없이 나는 나를 바라보았다. 나이테가 많아질수록 티가 난다는 느티나무, 마찬가지로 연민의 가슴을 되찾는 시간이 많아질수록 우리 주름살에도 곰비임비 티가 나겠지. 이제 두물머리 물레길 그 길을, 발 가는 대로 마음 가는 대로 걷는다. 길을 지우며 걷는 것이 저토록 아름다울 수 있다니.

바람이여 걷는 저 사내 뒤에 부는 바람이여. 저 속도로 시간도 길도 불어왔을 것이다. 그렇게 마재마을 다산 정약용의 유적지에 소원처럼 도착하였다.

다산 정약용의 생가(여유당)와 문화관 기념관을 먼저 답사한다. 누가 뭐래도 다산은 우리 한국사 밤하늘의 안드로메다은하다. 거대 가스 행성을 거느린 밝은 별로, 지금까지 발견된 가장 크고 무거운 별과 그 군집 은하. 그러한 은하처럼 조선 후기 대표적인 실학자인 그는 박학다식한 학자, 수원 화성을 축조한 실력자, 훌륭한 관리, 한강의 배다리와 거중기 발명가, 정조의 신임이 높았던 암행어사로 음악에서 의학에 이르기까지 방대한 저서를 남겼다.

그래서일까, 사람들은 다산茶山이라는 그의 호에 빗대 '다산茶山은 어떤 사상가보다 많은 것을 다산多産한 인물이다' 라는 농담을 한다. 정말 그의 망망대해 같은 사상은 다 헤아릴 수 없다. 저 안드로메다은하를 헤아릴 수 없듯이.

정약용은 여러 이름으로 바느질한 키메라Chimera처럼 여전히 환영의 무언가이다. 다산은 사서육경을 통해 수기修己 즉 자기 마음을 닦고, 일표이서(경세유표, 목민심서, 흠흠신서)를 통해 치인治人 즉 백성을 다스리는 방법을 고민했다. 다산이 살았던 생애의 배경과 일표이서에 나타난 그의 치세에 관한 정신은 어떤 것이었을까.

정약용은 조선조 영조 38년(1762) 6월 16일 경기도 광주 초부면 마현리에서 태어났다. 자는 미용, 호는 다산, 시호는 문도다. 다산의 부친 정재원은 목사牧使를 지냈고, 모친은 파평 윤씨다. 성실히 공부하여 28세 때 문과에 급제하였다. 이어 우부승지까지 승진했고, 36세에 곡산 부사를 지냈다. 2년 후 내직으로 이동, 형조참의 등을 역임했다. 1794년 경기도 암행어사로 제수되어 지책을 다하였다.

이후 여러 번 복직과 모함으로 유배를 당하였다. 다산을 신임하던 정조가 붕어하자, 1801년 신유교난으로 강진으로 유배, 그때 그곳에서 18년간 학문에만 전념하였다. 다산은 이 기간 많은 저술을 남겼는데,『목민심서』도 이때 완성한 것이다. 유배에서 해제되자, 벼슬을 마다하고 고향에서 지내다가 헌종 2년 75세의 나이로 생을 마감하였다. 다산의 파란만장한 일생은 한 편의 장중한 드라마였다.

다산이 살았던 시대는, 그전부터 그랬지만, 조정은 당파 싸움에 아등바등 정신이 없고, 백성은 굶주림에 허덕여 피폐해졌다. 즉 나라는 병들고 백성은 토지를 생업으로 경작을 하건만, 벼슬아치들은 백성을 논밭으로 삼아 등짝을 벗겨 먹고 배를 두드리는 비참한 현실이었다. 통치자들의 사리사욕이 횡행하는 나라가 온전할 수 있겠는가. 희망을 잃은 백성들이 할 수 있는 일이 있기는 한 것인가. 삼천리 강토는 백성의 아픔과 신음으로 차마 눈뜨고 볼 수 없는 생지옥에 빠져들었다.

이런 참담한 현실을 보고, 다감한 천재이자 어진 목민관이었던 다산이 그냥 있을 리 만무했다. 다산은 경전에 의거, 공리공론으로 하는 허식의 학문과 이를 이용하는 탐관오리들이 백성들을 괴롭히는 원인으로 보고, 그 대안으로 벼슬아치가 청렴 공정 정의로 의식을 개혁하고, 실학으로 합리적이고 생산적인 통치를 하면 나라를 구제할 수 있다고 주장했다. 참으로 뛰어난 선견지명이었다.

다산은 『경세유표』 서문에서 "조용히 생각해 보건대 나라 전체가 털끝 하나인들 병들지 않은 부분이 없다. 지금 당장 개혁하지 않는다면 나라는 반드시 망하고 말 뿐이다.(一毛一髮 無非病耳 及今不改 期必亡國而後己)"라고 목소리를 높였다. 그러나 기득권을 가진 왕과 관료들이 개혁과 실학으로 통치할 리 만무했다.

조선조 말 여러 강대국에게 이리저리 뜯기다가 마지막에 나라를 통째로 잃고 식민지가 되었다. 그러나 통치자들의 부정부패는 지금도 여전하다. 국가 상부 계급 특히 입법기관의 국회의원들이 사리사욕으로 정치하고, 권력을 차지하기 위해 주야로 정쟁만 일삼고, 그걸 위장하기 위해 끝없이 가짜뉴스, 선동, 날조로 사회를 혼란케 한다면 그 나라 미래는 역시 희망이 없을 것이다.

오늘 답사의 마지막 장소인 다산의 묘소에 당도했다. 다산은 생전에 이미 자기 사후에 떠돌 마뜩잖은 억측을 차단하기 위해 명문의 자찬 묘지명을 지었다. 묘지명에는 명료하고 사실적인 내용과 서릿발 같은 예지력이 숨어 있다.

김대건 신부 최초 도착지 천주교 성지로
익산 나바위성당

날씨 쌀쌀한 오후다. 찬 바람이 불지만 도리어 감미롭다. 맑은 하늘엔 솜사탕 같은 뭉게구름이 둥둥 떠 있다. 야트막한 산은 너른 들판에 핀 꽃처럼 아름답다. 조선 시대 우암 송시열 선생이 소박하고 수려한 이산에 화산華山, 즉 꽃 뫼라는 이름을 붙였다고 한다. 나바위성당은 화산 자락에 있다. 서西로 기울어진 햇빛은 그래도 따스하고 마음은 시나브로 기쁨으로 가득 찬다. 신앙의 영적 풍상이 얼기설기 배어 있는 본당의 첨탑과 고딕식 건물이 눈을 치뜨게 한다.

선교의 나이테를 만나는 나바위성당
 우리나라 3대 성당인 서울 명동성당, 대구 계산성당, 전주 전동성당에 버금가는, 선교의 나이테가 동심원을 그리는 나바위성당. 거기로 걸어가며 우측을 흘깃 보니 사각 건물 지붕에 꼬리가 무성한 장닭의 조형물이 있다. 나도 모르게 발길이 거기로 향한다. '나바위 치유의 경당'이다.

경당 건물 입구에 포승줄에 묶인 예수 성상이 있다. 이 성상은 예수가 로마군에게 붙잡혀 영육으로 극심한 고통을 당한 에케 호모(Ecce Homo)상이다. 3년의 공생애 시간에 숱한 기적과 사랑으로 하느님이 계심을 알린 예수님. 하느님에게 몸을 받은 최초의 사람이 아담이라면 영혼을 받은 최초의 사람은 예수였다. 그 예수님이 십자가에 매달리기까지 받은 수난사에 닭과 에케 호모상이 나온다. 이것을 복음을 통해 따라가 보자.

베드로가 대답하여 가로되 다 주를 버릴지라도 나는 언제든지 버리지 않겠나이다. 예수께서 가라사대 내가 진실로 네게 이르노니 오늘 밤 닭 울기 전에 네가 세 번 나를 부인하리라. 베드로가 가로되 내가 주와 함께 죽을지언정 주를 부인하지 않겠나이다 하고 모든 제자도 이와 같이 말하니라.(마태복음 26:33-35)

저가 저주하며 맹세하여 가로되 내가 그 사람을 알지 못하노라 하니 닭이 곧 울더라. 이에 베드로가 예수의 말씀에 닭 울기 전에 네가 세 번 나를 부인하리라 하심이 생각나서 밖에 나가서 심히 통곡하니라.(마태복음 26:74-75)

닭 울음을 듣고 스승인 예수를 부인하여 배신한 베드로가 회개의 통곡을 했다. 지금 치유의 경당 지붕 위에도 그날의 새벽닭이 울고 있다. 우리도 이제 회개의 통곡을 하고 영혼을 치유해야 하지 않겠는가.

이에 빌라도가 예수를 데려다가 채찍질하더라. 군병들이 가시로 면류관을 엮어 그의 머리 위에 씌우고 자색 옷을 입히고 앞에 와서 가로되, 유대인의 왕이여 평안할 지어다 하며 손바닥으로 때리더라. 빌라도가 다시 밖에 나가 말하되, 보라, 이 사람을 데리고 너희에게 나오나니 이는 내가 그에게서 아무 죄도 찾지 못한 것을 너희로 알게 하려 함이로라 하더라. 이에 예수께서 가시 면류관을 쓰고 자색 옷을 입고 나오시니 빌라도가 저희에게 말하되, 보라, 이 사람이로다 하매(요한복음 19:1-5)

이 상은 요한복음에서 빌라도가 "보라, 이 사람이로다."라고 말하는 그 예수를 조각한 것이다. 하느님의 말씀 전도를 죄로 삼아 십자가형에 처하자는 유대인에게 소리쳤던 빌라도의 이 말은 지금까지 인류에게 영적 치유의 메시지가 되어 왔다. 당시 예수님은 자신에게 침을 뱉고 채찍으로 때리고 조롱, 경멸하는 그들을 용서해 달라고 하느님에게 애면글면 기도했다. 1956년 건축된 이 건물은 당시 진료소나 강당으로 사용되기도 했다. 지역 사람들에게 치유, 사랑, 위안을 주었던 장소이다.

나바위성당 본당으로 향한다. 사목 표어는 "가서 너도 그렇게 하여라.(루카 10:37)"고 그 말씀은 "내가 너희를 사랑한 것처럼 너희도 서로 사랑하라." 정도로 어림해 본다. 나바위성당은 조선인으로서 최초로 김대건 안드레아 신부가 중국에서 1845년 사제 서품을 받고 페레올 주교 다블뤼 신부와 함께 1845년 10월 12일 오후 8시 금강 줄기인 황산나루터(현 나바위 성지)에 첫발을 디딘 것을 기념하기 위하여 지은 성당이다.

나바위성당은 1882년 나바위 공소를 시작으로, 1897년 본당을 설립한 파리 외방전교회 소속 베르모렐 신부가 1906년 신축 공사를 시작해 1907년에 준공했다. 1916년 흙벽을 서양식 벽돌로 바꾸고, 용마루 부근에 있던 종탑을 헐고 성당 입구에 고딕식 종탑을 세웠다. 그리고 외부 마루는 회랑으로 고쳤다. 서양식 건축 양식과 한국의 목조 건축 기법이 조화를 이룬 건축물로서 우리나라 근대 건축양식을 엿볼 수 있는 중요한 사료로 문화재적 가치를 인정받아 1987년 국가 사적 제328호로 지정됐다.

본당 뒤편에 있는 김대건 신부 동상으로 걸음을 옮긴다. 김대건 신부는 1821년 충남 당진군 솔뫼 순교자 가정에서 태어났다. 서학 탄압으로 목숨이 위태로웠지만, 천주교를 믿고 공부했다. 당시 조선에는 성직자가 없는 공소가 생겨나고 신자들이 뿔뿔이 흩어져 신앙이 영글지 못했다. 이러할 때 성 피에르 모방 신부의 천거로 마카오에 유학하여 신학을 공부하고 중국 상하이 김가항성당에서 사제로 서품됐다. 최초의 조선인 사제가 탄생한 것이다.

그 후 천주교 전도를 위해 배를 타고 귀국했으나 불과 13개월 동안 사목 생활을 하다가 붙잡혀 국난을 받고, 1846년(헌종 12) 9월 16일 병오박해 때 25세 나이로 한성부 새남터에서 참수형을 받았다. 김대건 신부의 마지막 말은 "나의 마지막 시간이 다다랐으니 잘 들으시오. 내가 외국인과 연락한 것은 나의 종교를 위해서이고 나의 천주를 위해서입니다. 이제 내가 죽는 것은 그분을 위해서입니다. 나를 위해 영원한 생명이 바야흐로 시작되려 합니다. 여러분도 사후에 행복하려면 천주를 믿으시오." 였다. 천주를 위해 죽고 영원한 생명이 바야흐로 시작된다고 하는 김대건 신부의 유언은 종탑의 종소리가 되어 공명하고 긴 여운으로 메아리쳤다.

비단처럼 아름다운 풍경

화산 정상 망금정에 도착한다. 화산은 평야에 있어 사방으로 그지없이 아름다운 풍경을 볼 수 있다. 망금정이란 비단처럼 아름다운 경치를 본다는 뜻이라고 하니 가히 알

조가 아닌가. 망금정에 앉아 쉬는데 얼마 전 읽은 신문 기사가 기억났다. 가난한 한국과 결혼한 벽안의 천사 영국인 처녀 메리 영거. 향년 88세로 선종했다.

메리 영거는 영국에서 우연한 기회에 한국 교회사를 듣고, 박해와 순교로 이뤄진 한국 천주교회 역사에 깊은 감명을 받았다. 이에 한국에 갈 것을 결심했다. 1959년 12월 23세의 메리 영거는 화물선에 중고 피아노 일곱 대(대구 효성여대에 피아노가 없다는 소식을 듣고)를 싣고 5주간 항해 끝에 부산항에 도착했다.

그 후 양수지(메리 영거 여사의 한국식 개명) 여사는 대구에 정착해 효성여대 교수로 지내며 구두닦이 소년, 갈 곳 없는 여성들을 돌보기 시작했다. 그 당시 영국에서 프랑스 출신 의사와 약혼한 상태였지만 혼인 성소를 포기하고 약혼자에게 사과 편지와 함께 봉투에 약혼반지를 넣어 우편으로 보냈다. 1960년 대구 가톨릭 근로 소년원에서 봉사하고, 1962년 대구 삼덕동에 가톨릭 푸름터를 설립했다.

이후 선종하실 때까지 대구 지역 사회 복지에 초석을 다졌다. 그분은 자신의 부귀영화를 버리고 정녕 가장 낮은 곳에서 복음의 말씀을 그대로 실천하는 삶을 사셨다. 그분은 생전에 '인간의 사랑을 통해서 하느님의 사랑을 알게 된다'고 말씀하셨다.

장미로 물드는 하루
곡성 세계장미축제

5월은 장미의 달이다. 장미로 물드는 하루, 전남 곡성 세계장미축제장은 1,004종, 수백만 송이 장미가 5월의 여왕으로 피어 있다. 매표소를 지나자 활짝 핀 장미들이 짙은 향기를 뿜어내며 유혹을 한다. 축제장은 관광객과 장미가 넝쿨식물처럼 엉겨 분답기 짝이 없다. 게다가 먹거리까지 대열에 끼이면 신이 나고 흥겨움에 어깨춤이 절로 난다. 꽃 중의 꽃이라는 장미, 어떤 재배 역사가 있을까.

왕관을 향한 장미 전쟁
고대 중국, 이집트, 바빌로니아, 페르시아 등 여러 지역에서 다양한 종의 장미를 재배한 벽화가 남아 있다. 그러나 기원전 약 1900년 전후로 건축된 크레타섬 크노소스 궁전을 발굴하면서 최초의 장미 벽화가 발견되었다. 그리스

시대에는 시인 호메로스의 서사시 일리아드에 장미가 등 장하기도 했다.

이집트의 클레오파트라는 장미 향수, 장미 목욕 등 많은 장미를 생활에 이용하였다. 그녀는 연인 안토니우스를 만날 때 그가 장미로 인해 그녀를 오랫동안 기억하고 사랑하도록 둘만의 거처를 장미로 가득 채우곤 했다.

중세에는 영국에 장미 전쟁이 있었다. 1455년에서 1487년까지 영국의 왕권 다툼으로 인한 랭카스터 가문(붉은 장미)과 요크 가문(흰 장미)의 전쟁이었다. 1485년 보즈워스 전투에서 헨리 튜더(헨리 7세)가 승리하면서 장미 전쟁은 끝나고, 그는 요크 가문의 엘리자베스와 결혼하며 두 가문의 상징(붉은 장미와 흰 장미)을 통합한 튜더 로즈를 내세워 튜더 왕조를 열었다. 왕관을 향한 전쟁이었다.

근대에는 장미 시를 많이 쓴 라이너 마리아 릴케의 묘비명에 "오 장미, 순수한 모순의 꽃, 겹겹이 눈꺼풀처럼 쌓인 꽃잎 아래, 누구의 잠도 아닌 잠을 자는 즐거움"이 적혀 있다. 죽음은 삶의 또 다른 여행, 거기에 밤에도 지지 않는 장미가 있고, 영생의 잠을 자는 즐거움이 있다.

중앙화단을 지나자 풍차가 보인다. 돌지 않는 풍차, 고흐의 몽마르트의 풍차. 알퐁스 도테의 풍차 방앗간에서 온 편지가 내가 걸어온 만큼 더 멀리서 마음에 아려온다. 잠을 민하면 시리지는 것들. 섬과 별, 꽃과 꿈. 오래 전부터 내 안에서 수시로 돌아가던 그 바람개비들이 오늘은 멈추어 섰다. 풍차가 돌지 않기 때문에. 그 옆 상수리나무 길을 걷는다. 녹색 넓은 잎이 바람에 살랑거리고 우듬지 사이로 보이는 하늘이 가뭇없다.

장미가 가장 아름다운 순간

세계테마정원을 지나 기차 플랫폼에 간다. 기차를 기다리는 사람들이 줄을 서 있다. 어딘가로 가기 위해 기차를 탄다면. 이제 그대를 어디서도 찾을 수 없으리란 걸 안다. 기억의 푸른 이끼를 이고 선 간이역. 그렇게 떠난 사람들이 남긴 입김과 아쉬운 그리움들. 이름 없이 피었다 지는 들꽃 같은 사람들의 흔적이 남긴 언어들. 그 의미가 간이역의 기적 소리가 된다.

기차를 타고 떠나 돌아오지 않은 사람들. 피를 팔아 장사 밑천을 하였던 동네 선배 수철이 형. 가난 때문에 중동에 막일 간 어깨동무 태운 이 지금쯤 어디서 무엇을 하고 있을까. 그들은 지금도 이름 모를 역에서 긴 선로를 바라보며 고향 가는 기차를 기다리고 있을까.

줄이 시간을 넘어있어 부득이 장미공원으로 들어간다. 각가지 장미 장식이 시선을 끈다. 엄청난 관광객이 인파를 이룬다. 장미를 사랑하는 우리는 어쩌면 장미를 닮았는지 모른다. 아니면 마음의 호젓한 텃밭에 장미를 키우고 있는

지 모른다. 장미는 내 안에서도 필 수 있다. 장미가 가장 아름다운 순간은 내 내면의 아름다움과 만나 그 자체로 미의 왕관을 쓰는 때이다.

장미 여신의 신비

장미 여신상이 있어 다가간다. 보라색 머리칼에 장미를 꽂고, 붉은 입술, 향기에 취한 듯 감은 눈은 신비롭다. 여기도 포토존이다. 연인들 가족들 그리고 추억의 엽서에 장미 여신을 새기기 위해 사진 촬영에 몰두하는 관광객들. 그들은 한편 영화의 주인공처럼 기념사진의 필수 코스를 거친다. 그리고 장미 여신의 감은 속눈으로 걸어 들어간다. 거기에도 흰 장미가, 아직도 나를 기다리는 겨울에 피는 흰 장미가 만발하고 있을까. 오늘 딱 하루만은 여신의 신비에 공감하고 그녀의 고백을 경청하고 싶다.

장미 여신은 우리 보통 사람들과 너무 닮았다. 오히려 에로스 신화처럼 정념이 뚝뚝 흐르는 교태가 더 품격을 높인다. 잠시 여신이 눈뜨기를 기다린다. 그 눈은 어떻게 생겼을까. 도무지 감을 잡을 수가 없다. 조각가도 그 눈을 표현할 수 없어 감은 눈으로 했을 것이다. 눈을 감고서도 세계를 다 볼 수 있는 여신이 눈을 뜰 리 만무하다. 저 장미 여신은 나의 영원한 기억에 남으리. 그 물씬 풍기는 사랑의 향기는 영원히 내게 남으리.

그 옆 천사 미로원도 온통 장미 천국이다. 각양각색의 장미들이 나의 감탄으로 흔들리고 있다. 밀려오는 코를 쏘는 향기 그러나 매번 그 황홀 속에서 퍼 올린 것은, 수천 갈래의 길이었다. 꽃 한 송이마다 길이 열리고 그 많은 꽃에서 그토록 찾던 길이 보이고 그 길을 걸어가는 나는 여전히 나그네이고 바람일 것이다. 잔디밭 지나 중앙광장으로 간다.

꿈드림 예술단의 국악 공연
중앙무대 공연장에서 마침 꿈드림 예술단의 국악 공연이 시작된다. 10명이 넘는 소리꾼이 혼으로 부르는 창가의 제목은 솔직히 모르지만, 흥겹다가도 한이 느껴지기도 하고, 감정선을 울렁거리게 하는 창법이다. 모처럼 우리 민족의 정서와 멋 풍류에 젖어 허우적거리는데, 진도 아리랑이 흘러나온다. 이 구전민요는 그나마 내가 따라 부를 수 있는 노래다. 우리 민족의 해학이 담겨 있고 애절하고 섬세하며 구슬픈 계면조, 즉 듣는 자가 눈물을 흘려 그 눈물이 얼굴에 금을 긋기에 붙여진 이름의 소리, 끝마침이 꼬리가 이어지듯 자르르 굴러간 슬픔이 두 손이 되어 가슴을 쥐어뜯게 하는 노래다.
달빛 내리는 청산도 보리밭길에서 부르던 진도 아리랑은 슬픔에 젖을 때마다 귓전에 맴돌며 아프게 공명한다.